一本书读懂数字化转型

崔伟　王荣柏　编著

电子工业出版社
Publishing House of Electronics Industry
北京·BEIJING

内 容 简 介

本书系统阐述了企业数字化转型的核心内涵，并从战略、能力、方法等不同层面，提供了数字化转型的指导思路和实施路径。首先，本书概括了数字化转型的内涵，指出其核心在于利用数字化手段实现企业转型，进而详细解析了数字化转型的四个组成部分：数字产业化、数据价值化、产业数字化和政务数字化。本书还深入探讨了数字化转型的目标、原则、思路、任务等战略层面的内容。其次，本书从企业数字化问题诊断、资源规划、数据能力提升等方面，提出了数字化转型的能力建设路径，并针对数据应用能力提升、平台建设、业务模式优化等环节给出了具体的方法指导。最后，本书以"1+8"的框架详解了数字化转型的主要实施路径，即"一个工作体系，八个建设维度"。此外，本书阐释了数字化转型的具体方法，从诊断评估、战略规划、平台建设、能力评估等方面给出了操作建议。

本书内容丰富，案例生动，可作为企业数字化转型的参考指导手册，既适合企业高层了解数字化转型的方向和思路，又可以供企业中层管理者和技术人员掌握数字化转型的具体操作方法与实施路径。

未经许可，不得以任何方式复制或抄袭本书之部分或全部内容。
版权所有，侵权必究。

图书在版编目（CIP）数据

一本书读懂数字化转型 / 崔伟，王荣柏编著.
北京：电子工业出版社，2024.7. -- ISBN 978-7-121-48200-7
Ⅰ．F272.7
中国国家版本馆 CIP 数据核字第 2024GL6441 号

责任编辑：张佳虹
印　　刷：天津千鹤文化传播有限公司
装　　订：天津千鹤文化传播有限公司
出版发行：电子工业出版社
　　　　　北京市海淀区万寿路 173 信箱　　邮编：100036
开　　本：720×1000　1/16　印张：10.5　字数：168 千字
版　　次：2024 年 7 月第 1 版
印　　次：2025 年 1 月第 3 次印刷
定　　价：69.00 元

凡所购买电子工业出版社图书有缺损问题，请向购买书店调换。若书店售缺，请与本社发行部联系，联系及邮购电话：(010) 88254888，88258888。
质量投诉请发邮件至 zlts@phei.com.cn，盗版侵权举报请发邮件至 dbqq@phei.com.cn。
本书咨询联系方式：(010) 88254493，zhangjh@phei.com.cn。

目 录

第一章
数字化转型之"道"——核心定义、发展历程和主要内涵

第一节 数字经济的蓬勃发展催生数字化转型 2
第二节 数字化转型的关键在于"转" 4
第三节 发展历程：从"上网""信息化"到全面转型 7
第四节 数字化转型势在必行 10
第五节 数字化转型的内涵："1+8"结构 14

第二章
数字化转型之"术"——用以实施的技术手段

第一节 大数据 20
第二节 区块链 31
第三节 物联网 38
第四节 数据中台 46
第五节 人工智能 55
第六节 量子计算 64
第七节 5G 71
第八节 工业互联网 75
第九节 元宇宙 79

第三章
数字化转型之"法"——"V"字方法论

第一节　目标 90

第二节　原则 93

第三节　思路 95

第四节　任务 100

第五节　实施路径 105

第六节　方法 108

第七节　能力保障 119

第四章
数字化转型之"器"——问题和对策

第一节　避免动辄谈"平台" 122

第二节　不要背上"技术债" 123

第三节　目的是转型，而不只是数字化 125

第四节　匹配的市场策略有哪些 127

第五节　如何选择合适的数字化人才 129

第六节　数据使用的隐私泄露风险 137

第七节　在数字化时代，依然要重视人的作用 145

第八节　价值源自解决实际问题 148

第九节　时刻注意合规性 149

第十节　如何面对危机 150

第十一节　如何设计一个高效的数字化系统 152

第十二节　如何写好产品介绍 159

第一章

数字化转型之"道"——核心定义、发展历程和主要内涵

第一节　数字经济的蓬勃发展催生数字化转型

经过多年发展，数字经济已成为21世纪全球经济增长的重要驱动力，正在深刻而全面地重构社会形态、企业结构、组织治理和商业模式。以云计算、大数据、区块链、物联网、数据中台、人工智能、量子计算、工业互联网和元宇宙等为代表的新一代信息技术、应用和模式，引发了一轮新型基础设施建设的潮流，为数字经济的发展提供了肥沃的土壤。

数字经济是一个内涵丰富、范围广泛的概念，在《二十国集团数字经济发展和合作倡议》中，对数字经济作出了明确的定义："数字经济是指以使用数字化的知识和信息作为关键生产要素、以现代信息网络作为重要载体、以信息通信技术的有效使用作为效率提升和经济结构优化的重要推动力的一系列经济活动。"

虽然数字经济的形态非常多元化，模式也很丰富，但归结起来可以概括为三个特点。

第一，以数据为核心。

随着社会信息化建设的深入推进及移动互联网的迅猛发展，各种终端设备和业务流程产生了源源不断的数据。特别是智能手机的出现，使得每个消费者都成了重要的数据生产者。这些海量数据的产生，一方面满足了消费者的需要，另一方面也催生了新的产品和服务。生产端、制造端的数据也从主要用于记录和查看，逐渐成为流程优化、工艺优化的重要依据，进而在产品设计、服务交付等各个方面发挥着越来越重要的作用。此外，一个典型的变化是企业和消费者之间的数据交互推进了商业模式的转变。

第二，以链接为手段。

依照梅特卡夫法则，网络的价值等于其节点数的平方。因此，网络上联网的计算机越多，每台计算机的价值就越大。当前，移动互联网所取得的成就为社会提供了极佳的共享平台，数据得以自由地流转其间。近几年兴起的共享经济便是基于链接的商业创新，它让人们更加便利地使用产品和服务，同时实现了使用效率的最大化，减少了资源的闲置和浪费。

第三，以技术为动力。

信息技术的发展满足了经济发展对基础设施的要求，于是数字基础设施的概念应运而生。摩尔定律揭示了信息技术的迅猛发展，随着信息技术的发展，CPU（计算机处理器）的计算能力不断提升。在云计算、人工智能、区块链等技术的不断演进和升级过程中，越来越强大的计算能力让数据的创建、存储、使用、分享、归档及销毁等生命周期各个环节，都有了质量和效率上的提升。

> 摩尔定律由英特尔公司创始人之一戈登·摩尔于1965年提出，其含义：
>
> 计算机硅芯片的处理能力每18个月就翻一番，而价格下降一半。

第二节　数字化转型的关键在于"转"

数字化转型包含了四个部分：数字产业化、数据价值化、产业数字化和政务数字化。

数字产业化很好理解，即将数字基础设施，以及相关的产品、服务和解决方案打造为完整的产业链条。在我国，新型基础设施建设又被称为新基建。新基建是服务于国家长远发展和"两个强国"建设战略需求，以技术、产业驱动，具备集约高效、经济适用、智能绿色、安全可靠等特征的一系列现代化基础设施体系的总称。近年来，我国高度重视新基建，不断加快并完善5G基站、特高压、城际高速铁路/城市轨道交通、新能源汽车充电桩、大数据中心、人工智能、工业互联网等领域的建设布局。

数据价值化是近年来新兴的概念，即利用隐私计算、区块链等技术，实现公共数据和政务数据的价值转化和流转，在保护用户隐私的前提下，做到"数据可用不可见"，逐步建立数据要素交易市场。2019年9月，工业和信息化部开通了我国首个数据确权平台——人民数据资产服务平台，该平台主要对数据的合法性、合规性进行审核，对数据生产加工服务主体、数据流通过程、数据流通应用规则开展审核及登记认证。北京市于2021年3月设立北京国际大数据交易所，建立以信息充分披露为基础的数据登记平台，明晰数据的取得方式及范围，建立数据确权工作机制，提供包括数据产品所有权交易、使用权交易、收益权交易在内的数据产品交易服务。

产业数字化是传统企业的发展重点。在数字经济蓬勃发展的同时，促进其与实体经济融合、全面开展数字化转型已经成为世界各国面临的共同任务。宏观层面上，在新兴数字技术的驱动下，产业互联网迎来重大的发展机遇，一大批数字经济新产业、新业态和新模式相继诞生。微观层面上，数字技术正在全面重构企业，不仅使其生产经营透明化、实时化，而且能用数据驱动商业决策，使得决策科学化。有了内外部数据的支撑，企业能更好地识别机会和威胁，更准确地预测未来，为发展和竞争提供强有力的支撑。海量数据成为关键生产要素，给企业经营带来巨大效益。数字技术已成为企业创造经济价值及获得竞争优势的关键。

在政务数字化方面，《2020联合国电子政务调查报告》显示，全球范围内政府数字化转型的步伐正在加快。世界各国竞相制定数字化转型战略，政府数字化转型得到了普遍重视。

近年来，我国政府高度重视网络安全和信息化工作，出台了一系列加快推进信息化建设的政策。数据被正式纳入生产要素，这将有助于推进数字政府建设，加强数据有序共享，依法保护个人信息，推进一体化政务服务平台建设。适应数字化发展的治理模式正在快速形成，信息化在提升执政能力、改善公共服务、优化营商环境、提高公共治理水平等方面的作用日益凸显。

综合而言，数字化转型就是企业和政府运用多种数字化手段，重构客户体验、业务模式和运营体系，采用全新的方式交付产品、创造收入、降低风险和提高效率。

注意，与单纯的信息化、数字化相比，数字化转型的关键在于"转"，即对现有的商业模式、组织形式、运营方法和技术手段进行重构和改造。技术只是手段和工具，不可或缺，但不能直接创造和提升商业价值。

第三节 发展历程：从"上网""信息化"到全面转型

企业的数字化进程可以分为数字化转换、数字化升级、数字化转型三个阶段。

一、数字化转换

数字化转换阶段从 20 世纪 90 年代开始，一直延续至今。数字化转换旨在通过跟进信息技术的发展，用信息技术承载原来低效的业务流程。在这个过程中，企业的 IT（互联网技术）部门、信息化办公室承担着支撑的角色，即通过软/硬件平台的构建来优化执行效率、降低运营成本。

随着信息化的推进，大量手动的信息处理、传递和存档过程，都被自动化的应用程序和网络轻松取代。企业产、供、销各个环节的信息流转更加高效，库存周转速度也大大提高，为后续的商业决策奠定了基础。

但是，数字化转换是以提升现有体系的效率为核心的，并没有根本性地改变产品的形态，也没有触及管理模式和经营理念。如果用一个关键词来形容这个阶段，可以称之为"上网"，主要特征为计算机、手机的联网，以及无纸化办公的普及。

二、数字化升级

从 2010 年开始，一些信息化较为完善的政府和企业，纷纷开始进行数字化升级。这个阶段的特点是政府和企业开始将数字化手段引入业务流程，即引入 ERP（企业资源计划）、MES（制造执行系统）、SCM（供应链管理）、CRM（客户关系管理）和 OA（办公自动化）等系统。

这些数字化系统的到来，在简单"上网"的基础上，进一步提高了运营效率，改变了业务流程的处理方法。但同时也出现了各个系统各行其是、部门之间沟通困难、信息难以整合、无法从统一视角制定决策等问题。

数字化升级阶段也称信息化阶段，主要特征为自动化工具、数据分析软件和企业资源管理软件的普及。

三、数字化转型

从 2016 年开始，随着云计算、大数据、人工智能、物联网等新兴技术的不断发展和数字经济时代各种商业模式的创新，企业管理者看到了业务创新和技术融合的巨大能量。在这个阶段，企业不仅希望借助数字化手段提高效率，而且希望开拓更多的业务模式和提升业务能力。

数字化转型阶段的主要特点有以下 3 个方面。

（1）积极采用云计算、大数据、区块链、人工智能等新一代技术手段。

（2）开创新零售、物联网等新的商业模式。

（3）通过数据分析手段，对业务进行基于数据的决策。

当前，国内一半以上的企业已经将数字化转型视为下一步发展的重点，并制定了清晰的数字化转型战略规划。在数字化转型中，成长最快的领域有以下四个方面：一是借助视频会议、协同办公、财务系统、人事系统等优化管理体系；二是通过流程自动化、智慧供应链、智能制造、线上平台、在线客服、自动化流程等手段提升运作流程效率；三是使用物联网设备、数字化产品、"一站式"服务来达到产品和服务的创新；四是加强推广直播带货、电子商务、精准营销、数字渠道等营销新模式。

2020年年初新冠疫情的暴发，使得国内企业数字化转型从需求端和供给端两个方面同时加速。从需求端看，新冠疫情激发了政府和企业的数字化转型意愿，甚至直接创造了许多新的数字化转型需求。从供给端看，新冠疫情促进了数字基础设施建设的完善，助推了数字化新工具的改进升级和市场推广，提升了数字化转型供给端的支撑赋能能力。

第四节　数字化转型势在必行

企业为什么要开展数字化转型？原因可以归为以下五个方面。

一、国家政策的要求

2021年，我国发布了《中华人民共和国国民经济和社会发展第十四个五年规划和2035年远景目标纲要》（以下简称"十四五"规划），将"加快数字化发展　建设数字中国"单独成篇，提出："迎接数字时代，激活数据要素潜能，推进网络强国建设，加快建设数字经济、数字社会、数字政府，以数字化转型整体驱动生产方式、生活方式和治理方式变革。"

在国家政策的引领下，各行业也纷纷出台相关政策，加快推动企业数字化转型进程。2022年以来，中央及各地方政府出台了137部数字经济相关政策，其中，中央出台了9部政策文件，地方政府出台了128部政策文件。在中央出台的政策文件中，数字政府、促进中小企业数字化转型、社会治理和民生数字赋能、数据安全均为发展重点。例如，2023年2月，中共中央和国务院发布了《数字中国建设整体布局规划》，提出数字中国建设的目标是以信息化、智能化、网络化等手段，推动各行业的数字化转型，其中，构建数字经济体系和数字社会体系是政策措施的重点内容。

第一章 数字化转型之"道"——核心定义、发展历程和主要内涵

在金融领域，国家金融监督管理总局在 2022 年 1 月出台了《关于银行业保险业数字化转型的指导意见》，总体目标：到 2025 年，银行业保险业数字化转型取得明显成效，具体措施包括战略规划与组织流程建设、业务经营管理数字化、数据能力建设、科技能力建设、风险防范、组织保障和监督管理等。

在国企数字化转型方面，国资委在 2020 年印发了《关于加快推进国有企业数字化转型工作的通知》，从产品创新数字化、生产运营智能化、用户服务敏捷化、产业体系生态化四个方面对国有企业数字化转型进行战略部署。

中小企业是我国经济发展的重要力量，在促进就业、增加人民收入、提高财政收入、推动区域经济发展等方面具有不可替代的作用。2022 年 11 月，工业和信息化部发布了《中小企业数字化转型指南》，加速推进中小企业数字化转型。政策从增强企业转型能力、提升转型供给水平、加大转型政策支持三个方面为地方政府支持中小微企业数字化转型提供方向引导。

在民生领域，一方面，中央网信办在 2022 年 1 月出台了《数字乡村发展行动计划（2022—2025 年）》，其中提到了预期目标和具体措施，部署了数字基础设施升级、智慧农业创新发展、公共服务效能提升、网络帮扶拓展深化等八个方面的行动。另一方面，住房和城乡建设部在 2023 年 1 月出台了《关于加快住房公积金数字化发展的指导意见》，包括建立健全让数据用起来的机制；编制服务事项基本目录和实施清单，实现无差别办理和同标准办理；强化全链条监管，完善全国住房公积金监管服务平台等数字化监管手段。

在数字政府建设方面，2022 年 6 月，国务院发布了《关于加强数字政府建设的指导意见》，全面开创数字政府建设新局面。该

意见重点强调，要构建协同高效的政府数字化履职能力体系、数字政府全方位安全保障体系、科学规范的数字政府建设制度规则体系、开放共享的数据资源体系和智能集约的平台支撑体系，以数字政府建设全面引领和驱动数字化发展，不断加强党对数字政府建设工作的领导。

二、经济形势的挑战

在数字经济迅速发展的同时，我们也要看到，中国市场总体的经济增速已放缓，特别是当前逆全球化的贸易保护主义抬头，企业面临着市场开拓困难、贸易壁垒高、核心技术不足等诸多挑战。在经济环境压力越来越大的情况下，企业要应对消极因素带来的影响，从而实现平稳运营，并追求长期的成长趋势。这促使企业开始考虑通过数字化转型，提升应对困境的能力。

此外，国家可持续发展战略对我国经济和社会发展的长期规划，要求企业落实绿色节能、改进产品结构、实现技术创新。因此，企业必须借助新的技术手段，以合理的投入来满足监管的要求。

三、市场竞争的加剧

企业在发展过程中要面临不断加剧的行业市场竞争，这种竞争不仅来源于同行业企业的升级和创新，而且来自具有互联网基因的企业切入传统行业市场而形成的全新竞争压力。企业必须学好、用好新的数字技术，借助数字化转型来保持自身的竞争优势。

例如，微信作为社交平台，直接冲击了运营商原本成熟且营收颇高的短信业务。

四、企业运营的需要

从企业自身的运营来看，由于在数字经济发展的影响下，客户需求已经发生了显著的变化，因此企业需要从产品、服务的转型和升级开始，全方位思考如何最大限度地满足客户需求，实现客户体验的最大化。企业的成功还在于数字化生态系统的构建。借助数字化技术的应用，企业得以打造高效的平台，连接上下游企业和合作伙伴，使得内外部人员之间的信息流转更加便利，为创新实践提供成本低廉、访问便利的资源池，并提供丰富、强大的数据分析支持。

五、客户需求的变化

随着电子商务和移动互联网的蓬勃发展，消费者需求也发生了巨大的变化。随着消费者需求变化的节奏不断加快，消费者对于单一产品的忠诚度也在降低。这就要求生产企业加快产品升级、推陈出新的节奏，否则可能会导致客户群体的快速流失。客户也要求企业具备越来越领先的产品特性、更加合理的性价比和弹性的供给能力。因此，用数据化的手段实现对用户的洞察，从而提升服务能力，成为客户价值最大化的重要手段。

因此，在国家政策、经济环境、市场竞争、企业运营和客户需求这些因素的影响下，数字化转型成为企业必然要做出的选择，而不是为了数字化而数字化。

第五节 数字化转型的内涵:"1+8"结构

数字化转型贯穿了从产品设计、智能制造到增值服务交付的全过程,因此会涉及企业运营的方方面面。从顶层设计的角度来看,数字化转型的内涵可以用"1+8"结构表示,如图 1-1 所示。

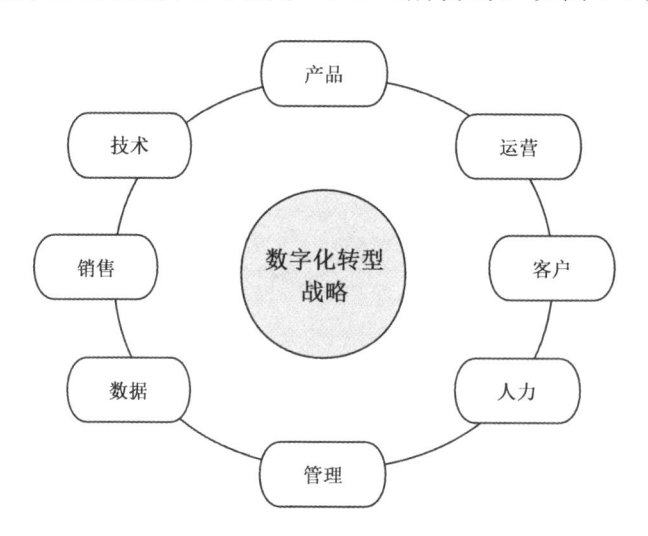

图 1-1 数字化转型的"1+8"结构示意

在数字化转型的总体框架中,"1+8"结构中的"1"代表数字化转型战略,即整体的指导思想和目标。这一层次的战略在企业的数字化转型中扮演着关键角色。数字化转型的战略是引领企业在数字时代保持竞争力的基石。这一层次的战略涉及以下关键方面。

1. 愿景和战略目标

企业需要明确数字化转型的愿景和战略目标，如提升运营效率、创造新的商业模式、提供卓越的客户体验等。其中，战略目标应该与企业核心价值和市场趋势相契合。

2. 领导力承诺

高层领导力承诺对于企业数字化转型至关重要。领导团队应该在企业数字化转型实施过程中发挥积极作用，促进文化变革和跨部门协作。

3. 资源投入

数字化转型需要投入资金、人力和技术资源。企业应确保资源的合理分配，以支持项目的顺利实施和推进。

4. 文化变革

数字化转型不仅仅是技术的升级，更是一场文化变革。企业需要鼓励创新，鼓舞员工参与，并营造适应变化的文化氛围。

5. 风险管理

数字化转型可能带来各种风险，包括技术、安全和市场等方面。企业应制定有效的风险管理策略，减少潜在风险对企业的影响。

6. 合作伙伴关系

数字化转型通常需要与技术提供商、合作伙伴和生态系统进行合作。企业建立良好的合作伙伴关系可以加速创新的实现。

7. 测量与评估

企业应不断评估和调整战略，制定适当的指标来衡量数字化转型的进展和成效，确保实现预期的业务价值。

总之，"1"是数字化转型战略的基础，是企业数字化转型过程的核心。它涵盖了企业的愿景和战略目标、领导力承诺、资源投入、文化变革、风险管理、合作伙伴关系，以及测量与评估等重要因素，为后续的8个维度提供了整体框架。

"1+8"中的"8"对应的是企业具体在开展数字化转型过程中，涉及8个方面的工作内容，具体是产品、运营、客户、人力、管理、数据、销售和技术，分别介绍如下。

1. 产品

产品的成功转型体现为功能、形式和设计能够密切贴合客户的需求，因此，企业需要满足客户丰富的个性化需求，基于敏捷开发、智能制造等手段，快速跟进消费节奏，并通过增值服务实现最大收益。

2. 运营

随着社会节奏的加快，要想实现产品转型，就需要在业务流程的设计、执行和优化中，充分使用大数据、云计算等数字化手段，建立开放的生态系统和运营平台，让上游供应商和下游渠道商也参与业务流程的执行。运营优化的目的是提升企业的决策效率，实现对消费者的快速反馈，改进和提升客户体验，并合理降低运营成本。

3. 客户

因为数字化实现了消费者和企业的直接对接，因此，消费者对产品和服务的体验、感受和建议可以快速反馈给企业，以加快产品优化改进的节奏。

4. 人力

作为数字化转型的执行主体，人员也需要相应的赋能。人员的素质/素养将极大地影响企业的变革和竞争力，是企业的核心竞争力之一。同时，人员的赋能并不仅仅针对员工本身，还应包含企业所构建的生态系统中的相关人员。

5. 管理

企业经营者需要依据数字经济的发展契机，思考和明确业务战略，涉及制定企业经营理念、经营策略和产品策略，同时明确数字化生态系统的构建策略。管理者也需要完成数字化领导力的转型，更新企业的决策模式，使数据成为决策的关键因素。

6. 数据

企业需要借助大数据和人工智能等技术构建自身的数据能力，充分挖掘数据价值。此外，企业还可以利用区块链技术，让数据在数字生态系统中安全、可靠地流转，实现不可篡改的产品溯源、机构间结算等丰富的模式。

然而，许多企业的大部分数据无法满足基本标准要求，数字化转型需要企业大幅提高数据质量和数据分析能力。了解不同形式的非结构化数据、来自企业外部的大量数据、机密数据并整合所有内容，同时清除一些基本上不会使用的数据，是数字化转型工作的重要组成部分。

7. 销售

运用数字化技术，销售人员可以更加全面、准确、快速地获得客户，达成订单交易，提升客户体验，建立以顾客为中心的营销体系，让数字平台为营销赋能。例如，在市场分析阶段，企业可以运用大数据技术，深入分析整个营销过程产生的数据，如顾客评价、顾客质量问题等，让数据发挥更大的价值。

8. 技术

从物联网到区块链、大数据和人工智能，新技术的潜力是惊人的。尽管其中许多技术越来越容易应用，但要理解某种技术如何为变革作出贡献、如何使该技术适应组织的独特需求，以及如何将其与当前系统集成，都是极其困难的。

第二章

数字化转型之"术"——用以实施的技术手段

"工欲善其事,必先利其器。"数字化转型的实施,离不开各种数字化的技术手段。本章将从最为常见的大数据开始,逐一介绍数字化转型需要采用的数字化技术。这些技术构成了可供企业决策者选用的"工具箱"。我们在解决实际问题时,往往需要综合运用多种技术,而不只依赖于"工具箱"中的某一个。

第一节　大数据

一、核心原理

大数据(Big Data)可以理解为三个层次:

(1)大。必须是海量的数据,才算大。

(2)数据。不仅是存储(如保存在计算机中的大量文件),而且包含了数据的清理(清洗)、分析和解读。

(3)这是一整个系统,不只是针对一堆数据,而是一个庞大的框架,即通过分析数据所能给人们带来的价值。就像一个餐厅,数据是原料,其关键在于厨师通过菜谱制作出的菜品。

大数据本身是一个比较抽象的概念,单从字面来看,它表示数据规模的庞大。但是仅仅数量上的庞大显然无法看出大数据这一概念和以往的海量数据(Massive Data)、超大规模数据(Very Large Data)等概念之间有何区别。针对大数据,目前存在多种不同的理解和定义。

麦肯锡在报告《大数据：下一个创新、竞争和生产力的前沿》中给出的大数据定义：大数据指的是大小超出常规数据库工具获取、存储、管理和分析能力的数据集。但该报告同时强调，并不是一定要超过特定规模的数据集才能算是大数据。

维基百科对大数据的解读：大数据，或称巨量数据、海量数据、大资料，指的是所涉及的数据量规模巨大到无法通过人工，在合理时间内达到截取、管理、处理并整理成为人类所能解读的信息。

二、特征

由维克托·迈尔·舍恩伯格和肯尼思·库克耶编写的《大数据时代：生活、工作与思维的大变革》中提出，大数据的特征可以归纳为四个"V"：规模性（Volume）、多样性（Variety）、高速性（Velocity）、价值性（Value）。

1. 规模性

随着信息化技术的高速发展，数据开始爆发式增长。大数据中的数据不再以 GB 或 TB 为单位来衡量，而是以 PB、EB 或 ZB 为计量单位。

下面是常见的数据单位及其之间的换算。

1KB = 1024B

1MB = 1024KB

1GB = 1024MB

1TB = 1024GB

1PB = 1024TB

1EB = 1024PB

1TB 相当于几十部 4K 电影的存储量，现在只需要一个硬盘就可以存储。1PB 则需要大约 2 个机柜的存储设备。1EB 需要大约 2000 个机柜的存储设备。如果并列排放这些机柜，可以连绵 1.2km。这些机柜如果摆放在机房里，需要 21 个标准篮球场那么大的机房才能放得下。

EB 还不是最大的数据存储单位。目前全人类的数据量已经达到了 ZB 级。

1ZB = 1024EB

2011 年，全球被创建和复制的数据总量是 1.8ZB。而到 2020 年，全球电子设备存储的数据达到了 35ZB。如果建一个机房来存储这些数据，那么，这个机房的面积比 42 个鸟巢体育场还大。

数据量不仅大，而且增长还很快——每年增长 50%。也就是说，数据量每两年就会增长一倍。目前的大数据应用还没有达到 ZB 级，主要集中在 PB 级或 EB 级。

这么多数据从哪里来？一方面，互联网的发展促进了用户生成内容（UGC）的快速增长，即大家每天拍摄和分享的照片、视频等。另一方面，随着物联网的发展，各种各样的感知层节点开始自动产生大量数据，如遍布世界各个角落的传感器、摄像头。

2. 多样性

多样性主要体现在数据来源多、数据类型多和数据之间关联性强三个方面。

（1）数据来源多。企业所面对的传统数据主要是交易数据，而互联网和物联网的发展带来了诸如社交网站、传感器等多种来源的数据。

数据来源于不同的应用系统和不同的设备，决定了大数据形式的多样。大数据形式大体可以分为三类：一是结构化数据，如财务系统数据、信息管理系统数据、医疗系统数据等，其特点是数据间因果关系强；二是非结构化数据，如视频、图片、音频等，其特点是数据间没有因果关系；三是半结构化数据，如 HTML（超文本标记语言）文档、邮件、网页等，其特点是数据间的因果关系弱。

（2）数据类型多，并且以非结构化数据为主。传统企业中，数据大多以表格的形式保存。而大数据中有 70%~85%的数据是诸如图片、音频、视频、网络日志、链接信息等非结构化数据和半结构化数据。

（3）数据之间关联性强（频繁交互）。例如，游客在旅游途中上传的照片和日志，就与游客的位置、行程等信息有很强的关联性。

3. 高速性

高速性是大数据区别于传统数据最显著的特征。大数据与海量数据的重要区别体现在：一方面，大数据的数据规模更大；另一方面，大数据对处理数据的响应速度有更严格的要求，数据输入、处理与丢弃立刻见效，几乎无时延。数据的增长速度和处理速度是大数据高速性的重要体现。

4. 价值性

尽管企业拥有大量数据，但是发挥价值的仅仅是其中非常小的一部分。大数据中有价值的数据所占比例很小，而大数据真正的价值体现在从大量不相关的各类数据，挖掘对未来趋势与模式预测分析有价值的数据，通过机器学习方法、人工智能方法或数据挖掘方法进行深度分析，应用于农业、金融、医疗等各个领域，以期创造更大的价值。

三、应用价值

基于上述特征，如何挖掘大数据的价值呢？我们可以用一个儿童从出生开始的学习过程来类比。

儿童会接触到大量的人、事、物，它们具备各种形态、格式、类型，需要以不同的方式加以理解和消化。对于一个儿童来说，这些数据算不上多。但是放大到上百个、上千个或者更多儿童，这些数据就会变得相当庞大，数据处理、吸收的复杂性也会呈指数级增加，这就类似于大数据。

在接触到这些信息后，儿童要从中理解世界运行的机制，这就是数据挖掘。例如，儿童看到天气冷了，叶子落了，从而得出结论：天气冷的时候，树叶会掉下来。

这就是通过对数据的处理，挖掘出一定的经验知识。

如何确保天气冷的信息是准确的，这就需要数据清理，即对原始数据进行严格的规整，避免噪声信息。

最后，儿童学习到这些经验知识后，需要自己面对一个新的世界。天气冷的时候，树叶会掉下来。那么，天气暖和的时候，会怎么样呢？

儿童也许还没有见过，但是根据对天冷时候的情况分析，可以推测，树叶可能会长出来。这就是从已有的经验推测新的知识，也就是机器学习的核心。学习的本质就是求解最逼近真相的经验，其理论基础主要是统计学。

研究大数据的主要目的，就是挖掘大数据里的价值。大数据究竟有什么价值？早在1980年，未来学家阿尔文·托夫勒在著作《第三次浪潮》中就明确提出"数据就是财富"，并且将大数据称为"第三次浪潮的华彩乐章"。[①]

归纳来说，大数据的价值主要源自两个方面：

（1）帮助企业了解用户

大数据通过相关性分析，将客户、产品和服务进行关系串联，对用户的偏好进行定位，从而提供更精准、更有导向性的产品和服务，进而提升销售业绩。

---

① 第一次浪潮：农业阶段，约从1万年前开始；第二次浪潮：工业阶段，从17世纪末期开始；第三次浪潮：信息化阶段，从20世纪50年代后期开始。

典型的例子就是电商。像淘宝这样的电子商务平台,积累了大量的用户购买数据。在早期,这些数据都是累赘和负担,存储它们需要大量的硬件成本。

但现在,这些数据是淘宝等电子商务平台最宝贵的财富。通过这些数据,平台可以分析用户行为,精准定位目标客户群体的消费特点、品牌偏好、地域分布,从而引导商家的运营管理、品牌定位、推广营销等。

(2)帮助企业了解自己

企业生产经营需要大量的资源,大数据可以分析和锁定资源的具体情况,如储量分布和需求趋势。这些资源的可视化可以帮助企业管理者更直观地了解企业的运作状态,更快地发现问题,及时调整运营策略,降低经营风险。

大数据的产业链和大数据的处理流程是紧密相关的。简单来说,就是产生数据、聚合数据、分析数据和消费数据。每个环节都有相应的角色和对应的企业。

目前来看,国外企业在大数据产业中占据了较大的份额,尤其是上游领域基本上是国外企业。相比而言,国内企业存在较大的差距。

除了数据管理技术难度较大,大数据的最大挑战就是安全。

数据是资产,也是隐私。没有人愿意自己的隐私被暴露,因此,人们对隐私保护越来越重视。各国政府也在不断加强对公民隐私权的保护,并出台了很多法律。欧盟在 2018 年出台了 GDPR(《通用数据保护条例》),把网络数据保护上升到前所未有的高度。

中国也陆续出台了《中华人民共和国网络安全法》《中华人民共和国数据安全法》《中华人民共和国个人信息保护法》等法规。

在这种情况下，企业获取用户数据，就需要慎重考虑是否符合伦理和法律。因为一旦违法，将付出极为沉重的代价。此外，即使企业合法获取了数据，也要担心数据是否会被恶意攻击和窃取，这种风险是不容忽视的。

四、典型落地场景

下面列举大数据的几个典型落地场景。

（1）历史分析

通过对历史数据的统计分析（如产品季度销量、平均售价等），分析者能够有效掌握过去一段时间的数据全貌，制定更有利的决策。例如，超市可根据过去一个月各种产品在不同促销活动下的销量数据的统计分析（如哪些产品更受客户欢迎），制定提高利润的销售方案。

（2）未来预测

通过对历史数据进行建模，分析者能够预判数据的未来走势，进而制定合理的应对方案。例如，生产型企业可根据市场历史数据建立市场需求预测模型，基于未来市场对产品的需求量进行预估，确定产品的产量。

（3）影响分析

一个结果通常是由大量因素共同决定的，但有些因素起的作用较小，而有些因素起的作用较大。通过关键因素分析，可以挖掘那些重要的影响因素，并从重要因素入手，从而有效改善最终的结果。例如，酒店管理者可根据用户在酒店订购网站上的文字评论和打分，进行影响酒店评价的关键因素分析，利用挖掘的关键因素（如早餐是否丰富、房间是否干净、交通是否方便等）改进酒店管理，进一步提高用户满意度，从而增加客源。

（4）个性推荐

基于用户的历史行为，企业可以挖掘用户的兴趣点，为用户完成个性化推荐。例如，电子商城可以根据用户的浏览记录、购买记录等历史行为数据，分析用户可能感兴趣的商品，并向用户推荐这些商品，从而在节省用户搜索商品所用时间的同时增加商品销量。

五、流程机制

从技术角度而言，大数据的应用流程一般为"数据采集→数据预处理→数据统计与数据建模→数据分析/挖掘→数据可视化/反馈"。

1. 数据采集

数据采集的功能包括：通过物联网设备采集数据；通过在应用程序中插入特定代码（埋点）采集数据；将采集的数据传输到指定的服务器。

无论是采集数据，还是传输数据，都要最大限度地保证数据的准确性、完整性和及时性，这就要求数据采集能够处理很多细节，如用户标识、网络策略、缓存策略、同步策略、安全保障等。

2. 数据预处理

数据预处理主要包括数据清理和数据整理。

（1）数据清理

数据清理是指发现并处理数据中存在的质量问题，如缺失、异常等。例如，某用户在填写调查问卷时，没有填写"年龄"一栏的信息，那么，对于该用户填写的这条数据来说，年龄就是缺失值。异常是指虽然有值但值明显偏离了正常取值范围，如针对18~30岁成年人的调查问卷中，某用户填写调查问卷时将年龄误填为2。

因此，必须处理好包含缺失值或异常值的数据，否则会严重影响数据分析结果的可靠性。

（2）数据整理

数据整理是指将数据整理为数据建模所需要的形式。例如，在建立房价预测模型时，通常需要将对房价预测无用的数据项（如房屋的ID编号）去除，将用于预测目标值的特征（如房龄、朝向等）和目标变量（房屋价格）分开。

3. 数据统计与数据建模

数据统计是指对数据计算均值、方差等统计值，通过统计分析来掌握数据特性，完成对已知数据的解释。数据建模则是根据已有数据建立模型，从而对未来数据进行预测、分类，进而解决实际应用问题。

4. 数据分析/挖掘

数据分析/挖掘是从大量数据中分析/挖掘出隐含的、先前未知的、对决策有潜在价值的关系、模式和趋势，用这些知识和规则建立用于决策支持的模型，并提供预测性决策支持的方法、工具和过程。

5. 数据可视化/反馈

数据可视化/反馈是指将数据统计分析/挖掘的结果通过图形化的方式表现出来，直观地展示数据特性及数据模型的性能。可视化的形式有数字图、饼图、条形图、折线图、散点图、热力图、气泡图等。

第二章　数字化转型之"术"——用以实施的技术手段

第二节　区块链

一、核心原理

在过去几年，区块链这个名词频繁出现在各种媒体和文件中。区块链的诞生，源自一位名为中本聪（Satoshi Nakamoto）的人。2008年11月1日，中本聪在metzdowd网站的密码学邮件列表中发表了一篇名为《比特币：一种点对点式的电子现金系统》（*Bitcoin: A Peer to Peer Electronic Cash System*）的论文，首次提出了区块链（Blockchain）的概念。经过10余年的发展，区块链已经成为全球最具影响力的创新技术之一，从金融、制造到教育等各行各业，都可能被这项技术全面改造。

中本聪秉承知识分享和推广的理念，把区块链程序的代码全部开源，与世界各地的软件开发人员共同分享。开源是计算机行业的一个概念，意味着软件开发者把所有的源代码按照一定的授权协议，开放给大众使用。其他的软件开发人员可以依照授权的范围，使用这些代码或者加以改写。

经常有人问比特币和区块链是什么关系，简单来说，它们就像是电子邮件和互联网的关系。有了区块链作为技术平台或者基础设施，各种实际应用（如比特币）就是在此平台上开发出来的各种应用程序。

区块链的三个最主要的特点如下。

1. 去中心化

区块链的本质是一种分散在所有用户计算机上（即所谓的分布式）的计算机账本，每个分散的账本会记录区块链上进行的所有交易活动的信息。因此，它不需要一个集中的机构、网站或公司来管理这些信息。

法国作家大仲马在 1844 年出版的小说《三个火枪手》中有一句著名的话，"人人为我，我为人人"（All for one, one for all），用这句话来形容区块链的去中心化特征非常贴切。

2. 信息不可篡改，一旦写入无法改变

作为一个记录交易的账本，人们最不希望的是它被恶意篡改。任何一个用户都可以通过交易编号，访问区块链上发生的所有事务（包括交易中的注释）。

由于中本聪巧妙的算法设计，配合密码限制和共识机制，如果要修改区块链中的某一个数据，就必须更改其后发生的所有数据记录，工作量非常庞大、不可想象，几乎不可能实现。实际上，区块链从诞生到现在已经接近 10 年，每天都有无数的黑客绞尽脑汁攻击它，但是还没有发生过一起数据记录被篡改的事件，这足以证明了其安全性。

3. 完全匿名

在区块链的世界里，所有的账户都是通过一个密码来访问的。

如果你失去了密码，那么就失去了账户里面的所有货币。在现实生活中，如果你忘记了密码或者丢失了银行卡，可以去银行柜台申请处理。但是在去中心化的区块链世界里，没有这样的"银行柜台"，谁也不知道你是谁，你也无法向别人证明你是某个钱包的主人。一切的所有权都体现在这个唯一的密码上。

此外，在一个区块链网络中，存在着成千上万的网络节点。为了保证节点之间的同步，新区块的添加速度不能太快。试想一下，你刚刚同步了一个区块，但这时别的节点又有新区块生成，你不得不放弃手上的工作，再次去同步，最后变得筋疲力尽。

所以，中本聪又想出了一个绝妙的点子：故意让添加新区块变得很困难。他的设计是，平均每 10 分钟，全网才能生成 1 个新区块，1 小时只能生成 6 个新区块。这种产出速度不是通过命令达成的，而是故意设置了海量的计算。也就是说，只有通过极其大量的计算，才能把新区块添加到区块链中。

二、应用价值

近年来，区块链技术与越来越多的实体行业深度融合，在促进跨地区的制造业协同发展、工业互联、智能制造、数据共享，以及金融赋能实体经济等方面发挥着越来越重要的作用。

区块链作为国家"十四五"时期的重要基础设施，在各领域全面应用，涵盖区块链技术的政策数量呈爆发式增长。根据赛迪区块链研究院统计，截至 2022 年年底，国家及各地方政府出台的区块链相关政策数量已有 1000 多项。

一方面，国家统筹区块链在农业、商贸、交通、旅游、政务、教育、金融等各领域的规划和路线图，仅2022年发布的区块链相关政策已有69项，同比增长8%，旨在通过区块链技术加速数据要素流通，提升数据价值，加快推动各行各业新业态新模式，为构建全国统一大市场提供有力支撑。例如，2022年5月，交通运输部发布了《基于区块链的进口干散货进出港业务电子平台建设指南》，强调要推动区块链技术与交通行业深度融合发展，推进基于区块链技术的全球航运服务网络建设，推动区块链技术在进口干散货运输中的应用，深入推进数据共享和业务协同。同月，最高人民法院发布了《最高人民法院关于加强区块链司法应用的意见》，提出要充分发挥区块链在促进司法公信、服务社会治理、防范化解风险、推动高质量发展等方面的作用，全面深化智慧法院建设，推进审判体系和审判能力现代化，创造更高水平的数字正义。

另一方面，各地方政府持续强化区块链在数字经济与实体经济融合、公共服务治理、保障改善民生、金融科技服务等重点方向应用场景的布局和探索。一是北京、上海、成都、重庆、西安、青岛、昆明、无锡、赣州、湖州等城市发布的区块链相关政策已超过1200项，旨在以区块链技术为基础，加快政务服务、社会治理、智慧城市、智能制造等方面的数字化升级，打造高效便捷的数字化政府，构建数字经济创新发展标杆城市。例如，2022年3月，江苏省印发了《江苏省区块链应用推广行动计划（2021—2023年）》，旨在通过打造区块链技术应用系统、培育区块链知名企业和产品、探索区块链应用服务和监管治理新模式/新机制等途径，争创全国区块链创新发展示范区。此外，北京、常州等城市围绕不动产登记、电子劳动合同等细化领域，充分发挥区块链信息技术的驱动引擎作用，提升企业办事效率，优化城市营商环境。二是加大区块链资金扶持，培育区块链产业应用市场，推动区块链服务主体做大做强。例如，2022年8月，昆明市发布的《云南省人民政府办公厅关于印发云南省支持区块链产业发展若干措施的通知》提到，对企业年度区块链营业收入（不含政府奖补）首次突破500万元、2000万元、5000万元的，分别给予6%、8%、10%的奖励，以此加大招商引资力度。三是部分城市积极落实国家区块链创新应用试点，扎实推进试点工作。2022年7月，滁州市发布了《滁州市"区块链+民政"创新应用试点工作方案》，聚焦保障和改善民生，加快区块链信息基础设施建设，构建滁州市民政联盟链，积极探索区块链技术在民政领域的运用，全面提升民政信息化建设水平，为实现民政高质量发展提供支撑。

三、落地场景

当前，我国部分企业已开始探索区块链在制造业领域的落地应用，主要体现在以下四个方面。

1. "区块链+智能制造"快速崛起

区块链赋能智能制造产品研发与制造业商业模式创新，能有效解决产业中的信任与效率问题，为用户带来新的价值体验。事实上，互联网是信息共享的时代，区块链是价值共享的时代。区块链"多中心化"的特点，有力支撑了"制造业服务化""产业共享经济"的升级，特别是基于区块链智能产品而实现的数字价值通证的产出、流通和激励，可以有效推动制造业创新创业企业迅速跨越鸿沟、实现指数级增长，形成以智能硬件为基础的新商业生态。同时，区块链赋能智能制造也有利于进一步促进资源的共享，如算力、硬盘、带宽，并将个人数据量化、价值化、资产化。

2."区块链+供应链金融"方兴未艾

目前，金融是区块链技术应用最多、落地程度最深的领域，而供应链金融又是实体经济与金融领域的重要结合点，区块链打破了金融与实体经济的界限，有效促进两者融合共生发展。我国传统工业制造领域所面临的资金融通问题，通过深化供应链管理与区块链的结合，能赋予供应链新的生命力。区块链能让金融信息不再成为"孤岛"，供应链透明化有利于区块链赋能制造业供应链金融管理和生态建设。

3."区块链+工业互联网"潜力巨大

工业互联网实现了人、机、物的全面互联，是信息技术与工业技术深度融合的产物。区块链赋能工业互联网，抓住区块链技术融合、功能拓展、产业细分的契机，可充分发挥区块链在促进数据共享、优化业务流程、降低运营成本、提升协同效率等方面的作用。通过区块链与大数据、物联网、人工智能相结合，可赋能工业大数据，构建可信工业互联网。通过区块链与物联网设备相结合，可从数据采集源头保证真实性。区块链的不可篡改性可以杜绝人为恶意修改数据，保证数据真实、可溯源，区块链能够实现让链上数据对符合条件的数据需求方透明可见。同时，人们可以利用人工智能进行数据分析与学习，优化软/硬件性能。

4."区块链+产品溯源"前景可期

工业产品溯源是区块链落地应用的重要场景，区块链与物联网的深度融合使产品溯源成为现实。区块链能够保存完整数据，使得不同参与者使用一致的数据来源，保证了信息的可追溯性，以此实现价值链信息透明、安全、共享。同时，区块链能够让监管更加准确，让用户放心消费，实现消费升级的愿景。

第三节　物联网

一、核心原理

物联网（Internet of Things，IoT）是随着互联网的进一步发展应运而生的。最初，互联网连接的终端是一台台计算机，起到改变商业流程的作用。后来，互联网连接了人人都有的手机，改变了每个人的生活方式和习惯。

再进一步，互联网连接到我们身边的每个设备和物品，让一切都变得智能化（不光是从这些终端上获取信息，还能对其加以控制）。这种趋势正在发生，日常我们能够看到的，包括智能手表/手环、智能门锁、智能家电，乃至于将来可能出现的万物互联（Internet of Everything）。

物联网这个概念最早出现在比尔·盖茨于 1995 年所著的《未来之路》里（2000 年之前上大学的朋友应该对这本极富预见性的书还有印象）。但是，物联网在当时还只是一种畅想，缺乏相应的技术来实现。

1999 年，美国麻省理工学院 Auto-ID 研究中心正式提出了物联网的概念，当时主要用于对目标对象的跟踪、识别，采用了 RFID（射频识别）和互联网的结合。在中国，中国科学院于 1999 年启动了相关研究，当时国内更多地称之为传感网，着重于其终端各种新型传感器的研究。

随着各种网络、通信、传感器技术的不断发展，2005年11月17日，在突尼斯举行的信息社会世界峰会（WSIS）上，国际电信联盟（ITU）发布了《ITU互联网报告2005：物联网》，正式提出了物联网的概念。

物联网基本的概念很好理解，即能够像操作手机一样，控制自己身边的各种物品、设备。但是这个概念直到最近几年，才开始大范围地落地应用。这源自一系列配套技术的普及，包括RFID、蓝牙、4G/5G移动通信技术、微机电系统、云服务等。

RFID的作用是给每个设备添加一个可以识别的数字标签，再通过内置的天线发送给信号读取设备。跟我们现在扫描二维码或者条形码的设备不同，该信号读取设备只需要在RFID天线通信范围内就可以自动接收信号。

目前，还有一种流行的数字标签是NFC（近场通信）芯片。很多手机都内置了NFC读取功能，可以直接用手机获取设备的信息（一些高端商品或者艺术品通过内置NFC芯片来防伪和提供产品信息）。

蓝牙、4G/5G等通信方式，提供的是物联网终端设备和（云）服务器之间，以及设备和设备之间的通信方式。具体选择哪种通信方式，取决于成本、设备类型、所要传输的数据量和对通信时延的要求。例如，未来几年将会成为重要趋势的车联网（Internet of Vehicle，IoV），就需要高速、低时延的通信手段，5G移动通信技术的发展适逢其时。

微机电系统（MEMS）是一种由微传感器、微执行器、信号处理/控制电路、通信接口和电源等部件组成的一体化的微型器件系统，能置于尺寸很小的设备中，是物联网得以发展的重要基础。

云计算和最近流行的边缘计算，实际上是将物联网终端产生的数据，放到云端或者边缘设备进行整理、清理、计算、解读和给出控制命令的过程。依赖传统服务器、IDC（互联网数据中心）的模式，无法适应终端产生的海量数据，必须依靠云服务器随时扩/缩规模的能力。

二、应用价值

在物联网时代，所有联网设备可以分为三种：收集并发送信息、接收并执行信息、两者兼而有之。

以上三种联网设备彼此相互补充，进而产生巨大效益。

1. 收集并发送信息

收集并发送信息的联网设备主要指传感器。传感器可以分为温度传感器、运动传感器、湿度传感器、空气质量传感器、光传感器等。这些连入互联网的传感器，可以使我们自动收集环境中的各种信息，从而做出更明智的决定。

在农场，自动获取有关土壤水分的信息可以在农作物需要浇水的时候及时准确地通知农民，以避免浇水太多（会导致过度使用灌溉系统造成浪费）或浇水太少（会导致收成欠佳），这样一来，农民可以确保农作物获得正确的水量，从而赚到更多的钱。

正如我们使用视觉、听觉、嗅觉、触觉和味觉感知世界一样，传感器可以让设备感受这个世界。

2. 接收并执行信息

我们都非常熟悉设备（或机器）通过获取信息然后执行功能。例如，打印机接收文档然后打印；汽车从车钥匙收到一个信号，然后打开车门锁；等等。

无论是发送"打开"这样的简单命令，还是发送一个3D模型给3D打印机，我们都应该知道，机器可以做许多我们难以想象的事情。

但是，物联网的真正力量在于将上述两种功能结合起来，也就是说既能收集并发送信息，又能接收并执行信息。

3. 两者兼而有之

我们继续回到农业生产的例子。传感器可以收集有关土壤水分的信息，然后指导农民如何对农作物进行灌溉。但实际上，整个过程并不需要农民参与，因为灌溉系统可以根据土壤中水分含量自动开启或者关闭浇灌。

该灌溉系统还可以进一步改进。例如，该灌溉系统从互联网提前接收到有关天气的信息，知道何时下雨，并决定下雨时不浇灌，因为雨水可以用来浇灌作物。

此外，人们还可以收集有关土壤水分、灌溉系统浇灌水量、作物的实际生长程度等信息，然后发送给具有惊人计算能力的超级计算机，通过计算可以让这些信息变得非常有意义。

以上仅仅是提到湿度传感器，如果加入能感知光、空气质量和温度等其他信息的传感器，算法可以获取更多的信息。如果在成千上万的农场收集这些信息，那么，算法可以分析如何让农作物生长得更好，从而提升农作物产量。

物联网这几年有了快速的发展，一方面是人们看到的智能设备在逐渐增加，另一方面是物联网在商业、工业中的应用逐渐增加。例如，现在经常提到的工业互联网，其核心就是在生产、制造、组装和流通环节设置大量的终端传感器，及时发现问题，采取智能控制，并通过对各种实时数据的分析发现趋势和商机。

但是，物联网技术在发展过程中也暴露出很多问题。

（1）技术标准的统一和协调问题。不同厂商、不同设备之间的技术标准、接口都可能不同，目前还没有出现像 TCP/IP 当年统一互联网这样的规范架构。

（2）平台管理问题。物联网本身是一个复杂的网络体系，各种应用存在很多的交叉，如果缺乏设备之间的协同和统一的平台管理，就会出现大量的冗余设备和冗余信息。

（3）安全性问题。物联网终端往往暴露在各种自然环境中，一方面需要确保数据的完整性（不会因为恶劣天气、工作状况而受损），另一方面需要防止有人恶意篡改传感器信息，甚至以传感器作为网络入口，对整个网络平台发动黑客攻击。信息获取和安全保障是网络互联面临的"双刃剑"，物联网也不例外。

使用物联网的流程：物联网终端采集数据、把数据传输给服务器、服务器存储和处理数据，以及把数据展示给用户。

以共享单车为例，其正向数据采集过程为：单车获取 GPS 位置数据、通过网络上报给服务器、服务器记录单车位置信息、用户在 App 端查看单车位置。其反向指令控制过程为：用户向服务器发出开锁的要求、服务器通过网络把开锁指令下发给单车、单车执行开锁指令。大大小小的物联网应用，都是基于正向数据采集和反向指令控制这两个流程来实现的。

物联网云服务器和 App 的设计，与互联网云服务器和 App 的设计基本一致。移动互联网是"人—服务器—人"的架构，物联网是"物—服务器—人"的架构，两者本质是相同的，物联网终端设备也采用 TCP（传输控制协议）、HTTP（超文本传输协议）、MQTT（消息队列遥测传输协议）等互联网协议连接服务器。

略微有一些区别的是 NB-IoT（窄带物联网），其是"物—基站—服务器—人"的架构，NB-IoT 终端只需要连接基站就可以收到下行消息，无须再维持长连接，能够节约不少功耗。

三、落地场景

常见的物联网应用包括以下四个方面。

（1）航空航天的管理与控制

航空航天领域要求的技术水平和安全系数较高，因此，需要获取每一个航空部件的实时信息，保证其性能质量符合服役需求。物联网技术可以为相应的部件提供射频识别技术，并建立相应的数据库，部件在安装和使用过程中可以实现便捷地扫描与识别，进而达到科学管理和智能控制的效果。

（2）公共交通的管理与控制

交通工具的普及在方便人们出行的同时，也增大了公共交通的危险系数。物联网技术可以为公共交通系统提供准确的车辆信息、路线信息等，便于实现合理规划，保证通行的效率与安全。此外，国际运输货物能实现自动跟踪和智能筛查，在符合安全政策的条件下达到较为有序的管理效果。

（3）智能农业的管理与控制

通过物联网技术可以监测水分、养分、肥料、采光等农作物的生长条件，使农民可以选取适宜的种植与收获时间，加强农作物的种植效率。此外，利用物联网，也能对牧场内的动物进行实时定位和健康检查等，从而迅速判断生病的动物，减少人力资源投入。

（4）物流快递的管理与控制

物流快递中使用的条码、定位等技术都是物联网应用的体现，便于发货方与收货方及时了解物流信息，也便于物流公司实现科学化管理。

物联网为社会提供了更加智能和便捷的数据信息服务，随着科学的不断进步，涉及的领域越来越多，物联网将在极大程度上方便人们的生产生活，并对社会经济产生深远影响。

四、流程机制

物联网的基本特征分别是全面感知、可靠传输、智能处理。

（1）全面感知

全面感知包括传感器的信息采集、协同处理、智能组网，甚至信息服务，以达到控制和指挥的目的。利用无线射频识别、传感器、定位器和二维码等手段，人们可以随时随地对物体进行信息采集和获取。

（2）可靠传输

可靠传输是指通过各种电信网络和互联网融合，对接收到的信息进行实时远程传送，实现信息的交互和共享，并进行各种有效的处理。在这一过程中，通常需要用到现有的电信网络，包括无线和有线网络。

（3）智能处理

智能处理是指利用云计算、模糊识别等各种智能计算技术，对随时接收的跨地域、跨行业、跨部门的海量数据和信息进行分析处理，提升对社会各种活动和变化的洞察力，实现智能化的决策和控制。

第四节　数据中台

一、核心原理

中台的概念最早来自一家芬兰游戏公司 Supercell。该公司的游戏品种非常多，推出新品很快。Supercell 公司由 6 名资深游戏开发者在 2010 年创立，旗下拥有《部落冲突》《皇室战争》《海岛奇兵》《卡通农场》4 款超级现象级产品，成为世界上最成功的游戏公司之一，而其员工只有不到 200 人。2016 年 6 月，腾讯以 86 亿美元（约合人民币 620 亿元）收购了 Supercell 公司 84.3%的股权，每名员工人均贡献的估值超过 3.54 亿元。

很多企业研究 Supercell 公司是怎么做到以这么少的人力快速开发新品的，发现其有一个非常强大的共享平台。

不管 Supercell 公司推出什么样的新产品，其实都是把核心平台上的组件重新组合，再加上一些新的元素，就是一个新的产品。这种模式适应了互联网时代需要迅速发布产品，但是又不重造"轮子"的需求。

二、应用价值

互联网公司的业务部门通常分为两个部分：一个是前台，即开发部门；另一个是后台，即人力资源、管理、行政、基础设施等部门。

后台解决更多的是企业管理效率的问题，因其管理的是企业的关键核心数据，考虑到企业安全、审计、合规、法律等限制，关键核心数据往往不能被前台系统直接使用；同时后台必须快速变化，以适应前台快速的创新需求。

随着企业业务的发展壮大，后台修改的成本和风险增大，促使企业尽量保持后台系统的稳定性。与此同时，还要响应用户持续不断的需求，这自然会将大量的业务逻辑直接"塞"到前台系统中，重复引入的同时还会致使前台系统不断膨胀、变得臃肿，形成一个个"烟囱式单体应用"，逐渐拖垮前台系统的用户响应，致使用户满意度降低，企业竞争力也随之不断下降。

在早期业务发展中，企业为解决实际问题往往按照垂直、个性化的业务逻辑引入IT系统，这些系统往往独立采购和构建，虽然它们与底层系统紧密耦合，且与横向、上下游系统之间存在一定的交叉关联，但是由于下列因素，很容易导致"数据孤岛"的形成。

（1）缺乏整合策略

在解决当下业务问题的过程中，往往缺乏统一的整合策略，导致各个系统在数据交换和共享方面缺乏一致性和标准化。

（2）技术架构限制

早期的IT系统架构可能并不支持数据的无缝集成和共享。耦合的架构使得数据在不同系统之间难以自由流动。

（3）数据管理分散

不同系统可能由不同部门或团队管理，缺乏统一的数据管理和维护标准，导致数据在不同系统之间的管理失衡。

（4）缺乏数据治理

"数据孤岛"的形成也与缺乏全面的数据治理和管理机制有关。没有统一的数据标准、质量控制和访问权限，数据无法有效地共享和交流。

（5）业务需求变化

早期系统的业务逻辑可能是针对特定需求设计的，但随着业务的扩展和变化，这些系统可能不再适应新的业务模式和流程。在新平台、新业务、新市场的拓展过程中，系统没法直接复用和快速迭代，产生的数据也无法与传统模式下积累的数据互通，进一步加剧了"数据孤岛"的问题。

基于上述原因所形成的"数据孤岛"，导致分散的数据无法很好地应对前端业务变化，难以支撑企业的经营决策，因此亟须一套机制将新老模式融合，整合分散在各个"孤岛"的数据，形成数据服务能力。

近年来，多数企业的认知已经从"跟风转型"过渡到"数据驱动转型",认识到数据是企业的新型资产。而数据收集、存储和处理成本的大幅下降和计算能力的大幅提高,为数据资产化应用提供了基础。事实上,大多数企业已经拥有了较好的数据基础。然而在现实情况中,并不是所有的企业都能从中获得显著的收益,其原因之一在于没有形成数据全生命周期的闭环,所以价值化数据的比例低,无法作为关键生产要素为企业注入新动能。如今,数据资产化程度低、数据服务提供效率与业务诉求不匹配等"让数据用起来"的问题,成为摆在企业面前的新型数字化转型难题。

当前,许多企业开始整合业务共性部分,形成中台战略。以阿里巴巴为例,其云计算、电商等业务都需要大量公共能力,如安全方面需要账号安全、网络安全、应用安全等能力,风控方面需要资质审核、反欺诈、信用评级等能力。过去,这些能力分散在不同产品线,存在资源重复和系统复杂度高的问题。而现在,阿里巴巴将这些能力整合到中台,统一开发后再对各产品线进行定制。类似的公共能力还包括UI(用户界面)设计、数据管理等,可保证产品外观和体验的一致性。这也称为共享组件。

采用中台战略的优势在于,可减少重复建设,提高开发效率,降低维护成本。它要求企业从全局出发规划业务架构,识别公共能力,并围绕中台战略进行组织和流程优化。中台的建设需要分阶段进行,同时不能影响现有业务的正常运转。此外,还须注意平台治理,确保中台服务具备灵活性、可扩展性。

数据中台的核心价值包括以下三个方面。

(1)降低数据建设成本,提高数据治理效率

数据中台的建设可以帮助企业解决"数据孤岛"问题,建立

统一的数据标准,包括数据采集、存储、使用等各个方面的标准化。这可以借鉴企业现有的数据管理经验,在全生命周期内对数据进行管理,避免出现"数据孤岛"。通过数据中台建设,可以减少数据的歧义性。所谓数据歧义性,是指相同的数据在不同系统或部门可能存在不同的定义、计算方式等,增加了数据分析和应用的难度。数据中台可以消除这种歧义性,提高数据透明度和利用率,减少重复计算和存储数据,有效发挥数据价值。此外,数据中台还可以减少因数据标准不一致导致的重复建设和维护成本。

当业务量增加或数据连接点、流程发生改变时,打通的数据中台可以避免系统的重复建设,支撑新业务形态的产生和快速发展。由于数据中台整合了业务与技术两大职能,业务产生的数据省去了跨部门传递的步骤,而基于技术产生的数据分析结果也可直接转化为业务优化方案。数据实时共享,直接赋能业务,使企业数据治理全链条的时效性与灵敏度得到提升,同时避免了技术与业务两个部门因信息不对称而导致的认知偏差。

(2)激活数据商业价值,赋能企业运营与决策

提升对数据的管理利用能力是企业数字化转型的重要目标。数据中台与过去的数据工具相比,最大的优势在于基于企业战略及业务框架设计,对企业全域的数据资产进行高效地开发、应用及质量管理。通过数据资产化,将不同系统、不同类型的数据纳入一个可对比、可计算的范围,使其更易于在企业日常经营活动中进行搜索、过滤和管理,充分激活数据的商业价值。

此外,数据中台匹配和衔接了当前业务与数据间协作的需求,形成价值链闭环。数据中台在实现数据接口标准化和在线交互实

时化的基础上，集成可快速复用的数据生产力工具或模块，使数据具备敏捷地对外服务的能力，从而智能服务于全流程的部门及人员，使每个层级的员工都能快速做出适合自己的数据决策，有效赋能业务决策。

（3）改造企业业务流程，升级企业架构

传统的作业方式通常呈现流水线的特点，往往由业务人员基于行业经验进行流程设计，结合商业套件建立业务操作系统。数据仅仅是用于监测业务进展和洞察规律的副产物，最终的决策由业务人员进行，因此，决策的不确定性较强，整个业务流程的迭代速度极慢，很难与当前快速变化的前端应用相匹配。而随着数据中台在整个业务链条中的部署和应用，大数据进入决策阶段，企业的业务流程也逐渐快速化、扁平化，由原先依赖业务人员经验的流程驱动逐步转向数据驱动。

此外，传统企业"数据孤岛"、业务割裂、资源分配等问题，其根源往往为企业架构的分割，尤其是当业务需要涉及跨部门协同时，部门墙[①]的现象十分严重，甚至出现冲突和制衡。因此，数据中台的部署既打通了数据间的壁垒，又打通了部门、事业群间的壁垒，使企业灵敏性得到提升。

三、落地场景

目前，数据中台已经出现了业务中台、技术中台、研发中台

---

① 部门墙是指企业内部阻碍各部门、员工信息传递和交流的一种无形的墙。

乃至企业中台等各种应用场景，但是在实际应用中也会存在一些问题。一方面，更多的层级意味着更多的沟通、管理成本。过去，一个产品线可以自行修改自己的部分，但是现在，牵一发而动全身，有可能自己的一个改动会对其他产品产生不可预知的影响。另一方面，数据中台存在的前提是其架构、开发团队非常强大，能够匹配不同的需求。如果一个企业的产品线不多，其实没有必要构建数据中台。

数据中台目前主要的应用领域有以下两种。

（1）营销领域

进入数字化营销时代，线上营销场景已经实现云化，线下营销场景也可以通过 IoT、AI 等技术实现对用户行为数据的获取和跟踪。目前，营销获客领域的数据基础设施已达到较高的成熟度。然而，企业获取的销售、营销数据也越发零散，且往往都是孤立存在的。日益碎片化的触达时段及场景、层出不穷的媒介载体和复杂的社交数据，使全景化的消费者画像和用户标签体系难以整合建立。与此同时，爆发式的海量数据使企业原有的 CRM（客户关系管理）系统算力和能力难以满足业务的计算分析需求。

营销数据中台在集数据采集、融通聚合、管理服务等功能于一体的基础上，基于不同场景的特点，开发专门的数据模型、标签体系等多种数据智能应用，构建用户 360 度全景画像，深入洞察目标群体特征，分析交易销售数据及营销效果，助力企业实现基于智能营销和消费者智能运营/管理的数据管理和决策支持。

（2）管理会计领域

在过去的信息化建设过程中，基于 ERP（企业资源计划）系统的管理会计往往以独立、零散的模块化工具应用（如预算、成本管理、合并报表）各自存在，缺乏整体规划和统一的数据平台支撑。特别是对于多元化经营的集团型企业，各板块都搭建一套不同的 ERP 系统，财务、业务和管理信息系统通过开发接口进行连接和集成，形成蛛网结构，造成开发成本高、数据口径不统一、接口独立运营、无法统一管理等问题。此外，自动化程度低、时效性差的特点使系统难以满足瞬息万变的商业环境下企业的实时分析与决策等管理需求，以及前端的业务模式快速变化创新下对业务运营的快速响应需求。

管理会计数据中台汇集企业内部业务和财务数据，同时打通从外部社会大数据到内部业务和财务数据的通道，统一规范和口径，实现数据的有效共享和复用。通过分析企业全财务流程，识别、提取并沉淀财务核心能力，减少各前端系统对财务功能的重复开发，使财务人员更多地基于财务数据和实际业务，做出科学、场景化的分析预测和经营决策，真正激活财务数据价值。

四、流程机制

数据中台居于前台和后台之间，是企业级的数据共享、能力复用平台，也是数字化转型的基础和中枢系统。数据中台将企业全域海量、多源、异构的数据整合资产化，为前台提供数据资源和能力的支撑，以实现数据驱动的精细化运营。

数据中台不是简单的一套软件系统或者一个标准化产品，更多的是一种强调资源整合、集中配置、能力沉淀、分步执行的运作机制，是一系列数据组件或模块的集合，指向企业的业务场景。

企业基于自身的信息化建设基础和业务特点对数据中台的能力进行定义，基于能力定义选择和利用数据组件来搭建中台。各类数据技术是构建数据中台的基础，能够高效地对数据进行统一收集、处理、储存、计算、分析和可视化呈现，使数据最终与业务链条结合，真正转化为企业的核心资产。

广义上，数据中台更是一种企业管理模式和理念，集企业战略决心、企业架构、技术架构于一体。企业从战略上构建统一的协同基座（即数据中台），以协调和支持各业务部门，用技术拓展商业边界，为新业务、新部门提供成长空间。

数据中台采集与引入全业务、多终端、多形态的数据，经过数据计算与处理，通过数据指标结构化、规范化的方式实现指标口径的统一，存储到各类数据库、数据仓库或数据湖中，以实现数据资产化管理。数据中台向上提供各类数据服务，面向业务构建统一的数据服务接口与数据查询逻辑，提供数据的分析与展示，形成以业务核心对象为中心的连接和标签体系，深度萃取数据价值。

数据中台的建设不是一蹴而就的，其建设路径及难度与企业数字化变革驱动力和行业背景直接相关。数据中台与企业原有机制的融合是一个长期的过程，其建设成本在百万元以上，建设周期更是以年为单位计算。数据中台的建设没有通用的企业级模型，一般需要从顶层设计出发，自上而下贯彻。数据中台应根据企业自身的业务目标逐级建设，优先从小场景领域内开始试点，逐步纳入更多的业务模块，以达到企业数字能力的逐级进化和价值的持续叠加。

第二章 数字化转型之"术"——用以实施的技术手段

第五节 人工智能

一、核心原理

人工智能（AI）也称智械、机器智能，指由人制造出来的机器所表现出来的智能。人工智能在一般教材中的定义是"智能主体的研究与设计"，智能主体指一个可以观察周围环境并做出行动以达到目标的系统。

约翰·麦卡锡对人工智能的定义是"制造智能机器的科学与工程"。安德里亚斯·卡普兰（Andreas Kaplan）和迈克尔·海恩莱因（Michael Haenlein）将人工智能定义为"系统正确解释外部数据，从这些数据中学习，并利用这些知识通过灵活适应实现特定目标和任务的能力"。人工智能的研究是高度技术性和专业性的，各分支领域都是深入且各不相通的，因而涉及范围极广。

人工智能的核心问题包括构建能够跟人类类似甚至超越人类的推理、规划、学习、交流、感知、使用工具和操控机械的能力等。当前，有大量的工具应用了人工智能，其中包括搜索、数学优化和逻辑推演。而基于仿生学、认知心理学，以及概率论和经济学算法等的应用也在逐步探索中。

思维来源于大脑，并控制行为；而思维又是对所有数据采集的整理，相当于数据库，所以人工智能最终有可能演变为机器代替人类。

人工智能的发展主要经历了以下几个阶段。

（1）形成阶段

人工智能这一概念于20世纪50年代首次被提出。自此开始，以LISP（定位编号分离协议）语言、机器定理证明等为代表的经典技术标志着人工智能的形成。在这一阶段，虽然新概念引起了人们的关注，但由于上述人工智能技术、产品均存在不同程度的缺陷，其发展速度相对较慢。

（2）以专家系统为代表的快速发展阶段

专家系统实现了人工智能与实践领域的融合，如智能医疗系统可为医师的诊断提供可靠的数据支持。

（3）以第五代计算机为代表的发展中期阶段

人工智能的发展积累了较为丰富的经验及技术，在此基础上，第五代计算机研制计划被提出。这一计划的提出将人工智能研究带入了新的热潮。

（4）以神经网络为代表的高速发展阶段

出现于20世纪80年代末期的神经网络技术，标志着人工智能又一发展高潮的到来。

（5）普及应用阶段

近年来，互联网与网络技术的出现及发展为人工智能的发展提供了新的方向。网络技术与人工智能的融合加速了人工智能的发展，同时推动其在家居、教学等多个领域的快速普及。目前，人工智能在人们日常生活中各个领域的普及度日趋升高。相对于初期发展阶段而言，人工智能的实用性、应用价值均产生了较为明显的变化。

目前，人工智能的研究是与具体领域相结合进行的，主要包括如下领域。

（1）专家系统

专家系统是依靠人类专家已有的知识建立起来的知识系统。专家系统是人工智能研究中开展较早、最为活跃、成效最多的领域之一，广泛应用于医疗诊断、地质勘探、石油化工、军事、文化教育等方面。它是在特定的领域内具有相应的知识和经验的程序系统，应用人工智能技术，模拟人类专家解决问题时的思维过程，来求解领域内的各种问题，以达到或接近专家的水平。

（2）机器学习

机器学习的研究主要在以下方面进行：研究人类学习的机理、人脑思维的过程；研究机器学习的方法，建立针对具体任务的学习系统。机器学习的研究是建立在信息科学、脑科学、神经心理学、逻辑学、模糊数学等多种学科基础上的，依赖于这些学科而共同发展。机器学习目前已经取得很大的进展，但还不能完全解决问题。

（3）模式识别

模式识别是研究如何使机器具有感知能力，主要研究视觉模式和听觉模式的识别，如识别物体、地形、图像、字体（如签字）等。模式识别在日常生活及军事上都有广泛的用途。近年来，迅速发展起来的应用模糊数学模式、人工神经网络模式的识别方法，逐渐取代了传统的用统计模式和结构模式的识别方法。特别是人工神经网络方法在模式识别中取得了较大进展。

（4）人工神经网络

人工神经网络是一种计算模型，其灵感来源于研究人类的大脑结构和工作机制。人工神经网络由大量的处理单元（即神经元）组成，这些神经元之间通过连接建立复杂的网络结构。它模拟生物神经网络的连接形式，进行分布式并行信息处理。人工神经网络的核心是通过学习调整网络连接之间的权重值，从而捕捉数据模式，实现对输入信息的分类和预测。经过充分的训练，人工神经网络可以基于学习到的数据模式，对新输入的数据进行智能判断，实现图像识别、语音识别等功能。与传统计算机程序不同，人工神经网络更类似于人脑处理信息的方式。它具有很强的自学习和泛化能力，可以处理不精确、不完整、受噪声干扰的数据，适用于图像、语音等复杂信息的处理。人工神经网络在模式识别、数据挖掘等领域已经得到了广泛应用。

在计算机网络如此发达的社会中，我们可以利用人工智能来实现语言技术与人类生活的联系。目前，关于语言的研究尚未突破语义障碍，现在还看不出在解决自然语言中含糊的成分方面会取得多大的进展，也很难想象在近期内能出现对任意输入均可产生高质量译文的机器翻译系统或非常理想的篇章理解系统，我们所能看到的是一些有一定限制但与人类生活密切相关的语言处理技术的发展。随着语言技术产品市场的不断壮大，语言技术也会得到更快的发展。

此外，我们也可以利用人工智能来建立与理解复杂的自适应系统。下一个十年，人工智能的研究应着重于非符号化、信息不完全的复杂自适应系统，其中最关键的是如何理解与建立这样的系统。建立这样的系统需要发展一些新的理论与技术。一是应发展能理解与处理上下文的技术，使所建立的系统能在不同的上下文情境中合理地处理各类问题。二是应发展多路学习机制，使系统能从复杂的、变化的环境中同时学到多种技能（如机器人足球运动员就需要具备这样的功能）。三是应探讨系统的可自动进化机制，从简单的、被动式的系统逐步进化为复杂的、具有自适应能力的系统。

基于人工智能的发展趋势，机器学习领域还有很大的进步空间。许多新型的机器学习方法不断被提出并得到成功应用，如增强学习、强化学习等。但我们也应看到，现有方法在处理实时在线学习问题时仍存在不足。如何实现机器人、智能体等在执行任务时的实时学习，是研究人员共同关注的难题。相信通过不断的努力，在线学习领域很快会有新的突破。这对于移动机器人、自主智能体、智能信息处理等研究都将产生深远影响。总之，机器学习仍有很大的发展潜力，会为人工智能的进一步发展提供强大的支持。

二、应用价值

就目前工业级的应用而言，人工智能的领域主要还局限于对象识别。人脸识别、缺陷检测、道路导航都可以归属于对象识别的范畴。

可以说，人工智能商业传播的速度非常快，但商业化、产业化的速度、范围和渗透率仍然存在一定的"实验室—商业社会鸿沟"，人工智能必须要从早期普遍强调技术优势，过渡到更加注重产品化、更加融合生态化、更加解决实际问题的商业化发展阶段。此外，需要补充的是，很多人工智能机构确实遇到了商业化的难题，其中比较主要的原因是没有找到合适的应用场景。因此，在人工智能从实验室走向产业化、商业化时，寻找合适的场景非常关键。

人工智能和机器学习常常混为一谈。在笔者看来，简单来说，机器学习的重点在于"学"，人工智能的重点在于"习"。英国哲学家怀海特有一句名言："19世纪最大的发明是找到了发明的方法。"能否发明新的方法、算法，可以用来衡量是否真正达到人工智能的标准。如果只是根据既定的方法提高效率，并不是真正意义上的人工智能。

在过去几十年里，人工智能的发展方向主要分为两类。一类是从脑科学的角度，试图用类似人脑的构造和逻辑来解决思维问题；另一类是用大量的样本来学习，从中寻找规律。近十年来，人工智能的发展方向被陆续归结到第二类。

马斯克的人脑接口设计，与尤瓦尔·赫拉利在《人类简史》中对未来人类演变趋势的预测不谋而合，即通过与机器的深度结合，人类（智人）开始向一个新的物种转变，这是一种本质的变化。从某种意义上说，这样的人类已经不再是我们传统意义上的人类，其欲望、需求和人性很可能发生难以预测的变化。这是人类发展的一个重要转折点，也许会在未来几十年内出现。

过去十年，机器学习在图像识别、自动驾驶汽车和围棋等领域取得了前所未有的进步。这些成功在很大程度上是通过监督学习和强化学习来实现的，这两种方法都要求由人类设计训练信号并传递给计算机。

在监督学习的情况下，机器学习是"目标"（如图像的正确标签）；在强化学习的情况下，它们是成功行为的"奖励"（如在 Atari 游戏中获得高分）。这两者为机器学习构建了一个极限，即人类训练师和数据量决定了机器学习的深度和精度。

如今，机器学习遇到了瓶颈，无论是人类训练师还是数据量，都难以支撑机器学习更进一步地发展出高水平的人工智能，更不用提通用智能。人类和数据成为通用智能发展的"阻碍"，无监督学习则是这一难题当前的解决途径之一。

无监督学习就像是幼儿学习，不仅有指导（监督学习）和鼓励（强化学习），而且有自由探索世界的能力，不需要人为的干预。这也是为什么，要想让人工智能发展出通用智能，就必须要让它掌握无监督学习的技能。

人工智能技术成为越来越多企业的创新动力和源泉。人工智能在企业的应用已经达成了初步共识，早在 2016 年，麦肯锡就做过一次调查，一半以上的企业高管认为，人工智能技术对企业非常重要，但是具体在哪里用、如何应用人工智能才是问题的关键。

三、应用场景

围绕如何在企业落地实施人工智能技术，笔者认为，如下几个方面的关键问题需要在企业内部做整体性的思考，并给出相应问题的参考建议。

第一个问题，为什么要应用人工智能？

企业应该避免的是为了应用人工智能而用人工智能。人工智能不应成为企业炒作的一个短期热点，从长远来看，单点人工智能的应用可以带来效率的提升，但是无法形成企业独特的竞争力。

回顾人工智能的发展历程，近十年来人工智能技术的快速发展不是因为某些只专注于人工智能技术的公司，而是由于数据智能驱动的数字经济商业模式的崛起，使得企业必须用到搜索、推荐、人脸识别和语音识别等人工智能算法才能满足业务量快速增长的需求。以阿里巴巴为例，人工智能客服承担了95%的工作负荷。过去十年，平台的订单数增加了几十倍，客服的任务量也成倍增加，但是客服团队的人员并没有增加多少，增加的任务量都被人工智能客服"消化"掉了。

第二个问题，如何开展人工智能应用的落地？

一方面，人工智能应用事关企业的新商业模式，是需要CEO（首席执行官）亲自抓的事情。人工智能应用不是一个独立项目，而是数据智能业务转型的一个长期过程。因此，人工智能的应用必须从企业长期发展规划、战略、人才通盘考虑，需要根据数据智能驱动业务转型的远期目标倒推，对当前的规划、战略和企业重新去调整，这些都是需要CEO来做决断的。人工智能的应用会对已有的人力和业务形成冲击，如果没有CEO的支持，人工智能应用的计划很可能会受阻甚至失败。

另一方面，在人工智能应用的过程中要允许失败，并能够让试错成本可控。各行各业的智能化是不可阻挡的大趋势，但是在具体应用的过程中，一定会有试错成本。企业要有机制承受失败带来的损失，不至于"伤筋动骨"，但绝对不能"孤注一掷"。所谓"看十年，做一年"，十年后某个行业数据智能驱动的新商业形态到底如何，没有人能够看得清，唯有依靠短期的不断试错、不断调整才能迂回接近未来的成功。

第六节　量子计算

一、核心原理

量子是现代物理的重要概念。一个物理量（如质量、动量、能量等）如果存在最小的、不可分割的基本单位，那么这个物理量是量子化的，并把最小单元称为量子。例如，电磁波可以分解为不同频率的光，再进一步可以分解为每个频率下的基本能量单位——光子。光子就是光的量子。通俗地说，量子是能表现出某种物质或物理量特性的最小单元。

虽然量子力学与相对论相比，其知名度要小得多，但实际上，就我们日常生活所在尺度的关联度而言，量子力学更为密切。

量子力学起源于20世纪初期，由德国科学家普朗克提出，之后由波尔、爱因斯坦、狄拉克等人发扬光大。我国杨振宁先生主导提出的"杨—米尔斯理论"是近70年来量子力学领域最重要的成果之一。量子力学和信息技术的交叉学科称为量子信息，其核心原理包括叠加、测量和纠缠，主要应用包括量子计算、量子加密通信和量子测量。相对于人们比较熟悉的计算机网络信息技术，以量子计算、量子通信和量子测量为代表的量子信息技术，可能引发信息技术体系的颠覆性创新与重构，诞生改变游戏规则的变革性应用。因此,量子信息技术已经成为世界科技的前沿研究之一,更是信息时代各国发展战略的竞争焦点。

量子计算是利用量子在微观物理世界中表现出的特性(即量子力学)而构建的计算模式。其理论模型仍然是传统计算机所使用的图灵机,但是在计算效率上,它的处理速度远远高于传统计算机。量子计算并不适用于解决普通问题甚至大多数问题,而只适合解决一些特定的问题,如加密学中常用的大数分解。

量子计算机效率提升的关键在于量子计算采用了"叠置"的计算方法。普通计算机中的 3 位寄存器,在任一时刻仅能存储 8 个二进制数字中的一个。而在量子计算机中,同样的 3 位(这里的"位"称为"量子比特")寄存器可同时存储这 8 种状态的叠加状态。对于 n 个量子比特而言,它可以承载 2^n 个状态的叠加状态。

这意味着如果量子计算机有 500 个量子比特,那么量子计算的每一步会对 2^{500} 种可能性同时做出操作。要知道,2^{500} 是一个非常惊人的数字,比地球上已知的原子数量还要多。因此,无论是在计算还是在存储的效率上,量子计算都大大超过了传统计算。

二、应用价值

谷歌公司在 2020 年 9 月的《自然》杂志 150 周年特刊上宣布,用 54 量子比特(即上面所说的"位")仅需 3 分 20 秒就解决了传统计算机需要一万年才能解决的问题,并提出了"量子霸权"(Quantum Supremacy)的概念。之后围绕这个结果有很多争议。IBM 公司提出,传统计算机其实用两天也能解出这个问题。不过即便如此,其性能提升也是非常明显的。

量子计算机的发展历史大体如下。

1981年,物理学家费曼在麻省理工学院的一场演讲中,勾勒出以量子现象实现计算的愿景。

1985年,牛津大学的D. Deutsch提出了量子图灵机的概念。

1994年,贝尔实验室的应用数学家P. Shor指出,相对于传统的电子计算,利用量子计算可以在更短的时间内将一个很大的整数分解成质因子的乘积。

1999年,日本NEC公司实验验证了量子计算机的基本组件"超导量子比特"。

2011年5月11日,加拿大量子计算公司D-Wave正式发布了全球第一款商用量子计算机D-Wave One。

2016年,IBM公司推出了量子计算云服务。

2017年1月,D-Wave公司推出了D-Wave 2000Q。

2018年10月12日,华为公司公布了在量子计算领域的研究成果——量子计算模拟器HiQ云服务平台。

2019年8月,中国量子计算研究取得了重要进展,中国学者与德国、丹麦学者共同开发了量子计算机需要的高性能单光子源。

2019年9月,谷歌公司在《自然》杂志上发表了关于"量子霸权"的科研文章。

2020年,中国科技大学潘建伟院士团队构建了76个光子的量子计算原型机"九章",使中国成为全球第二个实现"量子优越性"的国家。

2021年,潘建伟院士团队成功研制出113个光子的"九章二号"和66量子比特的"祖冲之二号"量子计算原型机,使中国成为在光学和超导两条技术路线上都实现"量子优越性"的国家。

2023年,IBM公司在量子峰会上发布了133量子比特的Heron量子计算机,标志着量子计算能力的一个重大飞跃。同年,Atom Computing公司宣布推出1225量子比特的量子计算机。

2024年5月6日,潘建伟院士团队在国际上首次实现光子的分数量子反常霍尔态。这是量子物理学和量子信息科学领域的一个重要进展,相关研究成果发表于《科学》杂志。

各国政府和企业都在积极推进量子计算的研发和应用,部分企业推出了商业化的量子计算产品。但是,目前的研究主要集中于硬件部分,实用的算法和软件还很欠缺。也就是说,目前推出的量子计算机只能解决某一类问题(典型的如大因数分解、路线优化等)。要想做到可以执行通用的程序,量子比特的个数需要以100万到1亿为单位,在现有基础上还要增加上百倍、上千倍。

三、落地场景

量子计算可能会给计算性能带来翻天覆地的变化。如果把传统计算机的计算能力比喻为自行车的话,量子计算机将来可能实现的算力可以视为火箭。这意味着量子计算会给科研、工业,乃至人们生活的方方面面带来变革性的影响。

量子计算的一个典型应用是密码解密时需要进行的因数分解计算。

因数分解的特点是需要逆向操作。算出两个质数的乘积是非常容易的，而将两个质数的乘积进行因数分解是非常困难的。这种"易守难攻"的特性，使它在密码学中得到了重要的应用，也是现在世界上最常用的密码系统 RSA 的基础。

RSA 是一种公开密钥密码体系，它的密钥（即加密时用到的参数）是公开的，因为这个密钥是一个很大的合数，解密时需要把它分解成两个质数，除了发布者，其他人在正常的时间内无法解开。1994 年，皮特·肖尔（Peter Shor）发明了一种量子算法，把因数分解的计算量减少到多项式级别，也就是从不可计算变成了可计算。同样是分解 300 位和 5000 位的数字，量子算法分别将所需时间从 15 万年减少到不足 1 秒钟，从 50 亿年减少到 2 分钟！

第一次真正应用量子算法分解质因数是在 2007 年实现的，把 15 分解成 3×5。有两个研究组几乎同时成功地做出了这个实验，一个研究组是中国科学技术大学的潘建伟和陆朝阳等人，另一个研究组是澳大利亚布里斯班大学的 A. G. White 和 B. P. Lanyon 等人。此后，各国科学家不断努力，把这个领域向前推进。目前，公开数据表明，在实验上分解的最大的合数是 1099551473989=1048589×1048601，是由 IBM 公司的安东尼·安农齐亚塔等人在 2019 年 12 月实现的。

量子计算的另一个典型应用是优化问题，量子退火是解决优化问题的最佳选择。换句话说，研究人员正试图在许多可能的变量组合中找到最佳（最有效）的可能配置。例如，大众汽车公司进行了一项量子实验，以优化北京的交通流量。这项实验是大众汽车公司、谷歌公司和 D-Wave Systems 公司合作进行的。大众汽车公司表示，该算法可以通过为每辆车选择合理的路径，成功减缓交通压力。

想象一下，在全球范围内应用这个实验成果，基于航线、机场时间表、天气数据、燃料成本和乘客信息来优化航班运营，对每个人和公司而言，都能获得最具成本效益的旅行和物流解决方案。

传统计算机需要数千年才能得到上述问题的最佳解决方案。理论上，随着每台量子计算机量子比特数量的增加，量子计算机可以在几小时或更短的时间内完成上述问题的求解。

量子退火适用于一系列的工业问题。例如，2015 年，以开发军用和商用飞机而闻名的空客公司在其英国纽波特工厂建立了一个量子计算部门，旨在探索将量子退火应用于数字建模和材料科学。

目前，工程师需要花费数年时间来模拟飞机机翼上空的空气流动过程，而量子计算机只需要几小时，就可以模拟飞机机翼周围各种角度和速度的空气分子运动状态，从而确定最佳或最有效的机翼设计方式。

此外，模拟复杂的量子现象也是量子计算的重要应用。例如，在量子化学领域中，模拟化学刺激对大量亚原子粒子的影响。特别是，量子模拟器可以用来模拟蛋白质折叠，这是目前生物化学领域最棘手的问题之一。

错误折叠的蛋白质会导致像阿尔茨海默病和帕金森病这样的疾病，测试新疗法的研究人员必须通过使用随机计算机模型来了解每种蛋白质对药物的反应。

如果一种蛋白质要通过顺序取样所有可能的药物诱导效应而找到正确的折叠结构，需要相当长的时间才能找到其正确的自然状态。量子计算机可以用来计算大量可能的蛋白质折叠序列，以制备更有效的药物。在未来，量子计算模拟将通过解释每一种可能的蛋白质—药物组合，使快速设计药物并进行测试成为可能。

第二章 数字化转型之"术"——用以实施的技术手段

第七节 5G

一、核心原理

5G（5th-Generation）即第五代移动电话行动通信标准，也称第五代移动通信技术，是 4G 的延伸。根据 IMT-2020（5G）推进组[①]，5G 由标志性能力指标和一组关键技术来定义。其中，标志性能力指标指"Gbps用户体验速率"，其关键技术包括大规模天线阵列、超密集组网、新型多址、全频谱接入和新型网络构架。

二、应用价值

国际电信联盟（ITU）为 5G 定义了增强型移动宽带（eMBB）、海量机器类通信（mMTC）、超高可靠低时延通信（uRLLC）三大应用场景。其中，一是增强型移动宽带将扩展现有 4G 的价值，可大幅提升网络性能和用户体验，主要应用于 VR（虚拟现实）、超高清视频等文娱领域。二是海量机器类通信将提升频谱利用能力，显

---

① IMT-2020（5G）推进组由工业和信息化部、国家发展和改革委员会、科学技术部联合推动成立，是聚合移动通信领域"产学研用"力量、推动 5G 通信技术研究、开展国际交流与合作的基础工作平台。

著降低成本，促进机器通信和传统物联网应用投入，主要在智慧城市、智能家居等领域产生规模经济效益。三是超高可靠低时延通信，支持高可靠性、超低时延、高安全性及可用性的关键业务型应用，主要用于工业自动化、自动驾驶汽车、远程医疗等领域。以目标市场需求和技术成熟度为依托，以大型赛事等活动和娱乐消费为牵引，增强型移动宽带是最先获得应用场景的，其次是由工业互联网和车联网驱动的超高可靠低时延通信，最后是需要良好的网络覆盖和低成本通信终端的海量机器类通信。总体上看，5G的广泛应用将为"大众创业、万众创新"提供坚实支撑，助推制造强国、网络强国建设，使新一代移动通信成为引领国家数字化转型的通用技术。

5G网络主要分为三类：核心网、回传和前传网、无线接入网。核心网的关键技术主要包括网络功能虚拟化（NFV）、软件定义网络（SDN）、网络切片和多接入边缘计算（MEC）。回传和前传网的关键技术为回传和前传技术。无线接入网的关键技术包括 C-RAN（云无线接入网）、SDR（软件定义无线电）、CR（认知无线电）、自企业网络、D2D（从出发地到目的地）通信、毫米波、高级调制和接入技术、带内全双工、载波聚合、低时延和低功耗技术等。

三、落地场景

总体而言，人们可以从以下角度划分5G的商业场景。

（1）超高速：VR/AR、4K/8K视频、e-Health（远程手术）。

（2）超低时延：自动驾驶、无人机、工业监控。

(3)大规模连接：智能机器人、智能家庭、智慧城市。

(4)热点补充：移动办公、热点覆盖。

(5)灵活组网：公共安全、白盒化基站、园区虚拟运营、物联网虚拟运营。

(6)无线超宽：WTTx（无线宽带到户）超宽无线宽带。

具体来看业界比较热议的几个场景。

(1) VR

VR 给用户带来了非常震撼的业务体验，其要求更好的虚拟内容沉浸感，主要应用于游戏、全景视频，同时对视野（流量、带宽）和时延的要求很高，对于普通观影要求达到 400Mbps、时延小于 17ms，对于互动式下的生理舒适要求则达到 3.2Gbps、时延小于 7ms。因此，5G 网络的高速低时延和扁平化架构特征，正是 VR 发展的有效助力之一。然而，VR 能否真正取得成功，除了网络本身，终端是否成熟、价格是否低廉（如 2000 元以下），以及 VR 的内容是否丰富都是关键因素。

(2) 自动驾驶

自动驾驶包含 V2V(车与车通信)、V2I(车与基础设施通信)、V2N（车与网络通信）及 V2P（车与人通信），自动驾驶对时延及多点接入要求很高，同时需要"边际云"的分布式大数据分析。因此，5G 毫无疑问将是自动驾驶最适合的网络平台之一。除了技术挑战，自动驾驶的法律法规是否完善、细分市场及商业模式是否清晰是摆在自动驾驶商用道路上的具体问题。

（3）WTTx 超宽无线宽带

目前，利用 5G 技术实现 WTTx 超宽无线宽带是最接近成熟的场景之一，其终端复杂度相对较低，商业模式也相对成熟。如果有足够的频谱资源，WTTx 超宽无线宽带可以提供大于 10Gbps 的高速连接。对于无线宽带，运营商更看重如何凸显 5G 用户与 4G 用户体验的差异，如何与固网光纤竞合，以及有无更灵活的商业模式以获得更多的收入。

业内专家指出，5G 将赋能无人驾驶、物联网、车联网、工业互联网等领域，推动众多行业数字化转型，催生万亿级规模的数字化市场。克里斯蒂安诺·阿蒙表示，5G 将使许多行业发生更加巨大的变化，将移动技术拓展至万事万物，使万物互联。

5G 作为新一代信息通信技术的代表备受世界关注。不论是在 5G 研发试验、系统验证，还是在相应标准的研制、创新应用的推出方面，中国关于 5G 的布局正在加快展开。一些龙头企业也在 5G 技术和应用上取得了阶段性突破，未来，将加强 4G 与 5G 协同发展，着力打造完整产业链，深入开展全球 5G 合作。

5G 技术登场将带来几倍甚至几十倍于 4G 技术速率的提升，并衍生出移动无线 VR、自动驾驶、智慧城市、智慧工厂、智能家庭等新兴产业。同时，人们熟悉的家居、家电、电网、城市建设等都将随着 5G 时代的到来发生显著改变。未来，人们会有更加畅快的互联网体验。

第八节 工业互联网

一、核心原理

工业互联网（Industrial Internet）是新一代信息通信技术与工业经济深度融合的新型基础设施、应用模式和产业生态，通过对人、机、物、系统等的全面连接，构建覆盖全产业链、全价值链的全新制造和服务体系，为工业乃至产业数字化、网络化、智能化发展提供了实现途径，是第四次工业革命的重要基石。

二、应用价值

工业互联网覆盖的产业通常分为直接产业和渗透产业。直接产业由工业互联网技术体系中网络、平台、安全三大部分相关的产业构成。其中，网络包括网络互联、数据互通和标识解析体系，通过建设低时延、高可靠、广覆盖的工业互联网网络基础设施，实现数据在工业各个环节的无缝传递。平台下连设备、上接应用，通过海量的数据汇聚、建模分析与应用开发，支撑工业生产方式、商业模式创新和资源高效配置。安全涉及设备、控制、网络、数据、应用程序等方面，通过建设工业互联网安全防护体系，有效识别和抵御各类安全威胁，化解多种安全风险，为工业智能化发展保驾护航。渗透产业是指通过直接赋能产业，提高生产效率的产业。工业互联网能够连接生产信息和需求信息，有效实现资源的高效配置，促进产业生态协同发展。例如，在电力行业，通过工业互联网平台接入"源、网、荷、储"实时数据，利用大数据分析建模，可以有效解决电力设备远程维护、新能源并网消纳等问题。

三、落地场景

工业互联网应用场景广泛，目前已延伸至 40 个国民经济大类，涉及原材料、装备、消费品、电子等制造业各大领域，以及采矿、电力、建筑等实体经济重点产业，形成了千姿百态的融合应用实践。

工业互联网是推动农业数字化转型的重要支撑。工业互联网可通过各类传感器、GPS（全球定位系统）、成像技术、NB-IoT（窄带物联网）技术等，对土壤、农作物、环境温度、空气湿度等各类农业产品生长需要关注的指标进行实时感知和监测，利用监测数据建立相关模型，进行数据分析，以实现精准化生产，为农作物"量身定制"生产方案。工业互联网通过移动通信技术和网络技术，对环境调控设备和农机设备等相关农业设施进行智能控制并提供远程智能化运维服务。同时，工业互联网平台能够协助农业部门对上下游供应链系统进行整合对接，构建资源要素共享平台和交易平台，降低信息流动成本，减少信息不对称现象，同时实现农产品的无缝化、可视化溯源，提高农产品的安全保障水平。

目前，在新一轮工业革命和逆全球化萌芽的背景下，推动我国制造业发展的转型升级是我国制造强国建设的必经之路。尽管我国制造业的增加值在世界制造业产值中所占比重不断上升，但高技术密集型制造业仍与发达国家水平存在一定的差距，在芯片制造、新能源汽车、数控机床、工业机器人等关键领域仍存在技术短板和空白，在装备制造业方面的生产和销售也容易受到美国、日本、韩国等产业链上游国家的国家战略、世界市场供需等不确定因素的影响。

工业互联网将全面改造我国制造业，实现高质量和低成本并行的智能制造。

（1）基于制造执行系统、射频识别跟踪技术等对工业机器人、零部件、产品等生产要素进行数据监控和分析，实现流程的可视化、生产资源的数字孪生、生产参数的快速转移等功能，从而降低成本。

（2）人工智能等技术的发展能够促进工业产品的转型升级。通过大数据分析和机器学习等手段，将核心知识和生产决策封装为生产模块的标准组件，并不断进行迭代更新，从而实现产品优化、产品创新设计，以及基于生产模型的最优决策。

（3）工业互联网平台能够发挥"底层操作系统"的作用。基于工业互联网标识解析体系连接各层级的工业生产服务系统，从而实现产品全生命周期和全产业链的监测和运营，建立上下游高效协同的供应链体系。同时，把用户的个性化需求纳入互联工厂，促进制造企业从生产型制造向服务型制造转变，实现柔性生产和定制化服务。

工业互联网对采矿业的开采、运输、冶炼、加工、服务、创新等方面均能起到提质增效的作用。在开采和运输方面，工业互联网可利用 5G、边缘计算、智能感知等技术，协同调控矿山挖掘设备、矿山装载设备、矿山运输设备等，将矿山监测设备与工业互联网技术结合，建设重大危险源监测监控系统，实现井上、井下的互联互通，提高智能矿山的本质安全集成化管理能力。在冶炼和加工方面，工业互联网可对现有轧机、挤压机、热处理炉等装置进行智能改造，使用工业 App 对设备运行、工艺参数、生产流程等进行数字化的智能运营管控，实现实时监控、动态调度和协同优化。在服务和创新方面，通过建立基于大数据的创新服务平台，实现企业间工艺技术和生产经验的数据共享及功能联动，从而促进供需有效对接，创新服务模式。

工业互联网与能源行业的结合实现了人、物、能源之间的广泛互联，代表着综合能源服务的新发展方向，对我国实现"碳达峰""碳中和"目标具有重要意义。在供能方面，智能化的能源供给管理平台，可实时监控能源流动状态，即连通数据进行实时监测和优化调度。在用能方面，能源工业互联网平台采取网络化技术、大数据处理和人工智能分析等手段，建立能效分析模型，辅助进行能源协调管理，定量分析企业用能构成，明确企业节能方向并对症下药。

第九节　元宇宙

一、核心原理

近几年关于元宇宙的讨论十分热烈，资本市场上相关概念股扶摇直上，众多互联网龙头企业也开始摩拳擦掌，争先恐后发布产品、宣示战略、设立部门，各式各样的课程、书籍、教程纷纷出炉。那么，元宇宙到底是什么？

有人开玩笑地说，一个新概念刚出来的时候，一般可以用三朵"云"来形容：不知所云、众说纷"云"、云里雾里。对于元宇宙来说，可能也是如此，目前元宇宙比较公认的定义有两个。

（1）维基百科

元宇宙（Metaverse）指一个持久化和去中心化的在线三维虚拟环境。人们可以通过虚拟现实眼镜、增强现实眼镜、手机、计算机和电子游戏机进入人造的虚拟世界。元宇宙已在某种有限的形式中存在于 VRChat 等平台中或"Second Life"等游戏中。元宇宙在计算机游戏、商业、教育、零售和房地产领域都有明确的用例。大规模采用元宇宙的最大限制源自目前现实环境与虚拟环境交互所需设备的技术限制。

（2）清华大学新媒体研究中心

元宇宙是整合多种新技术而产生的新型虚实相融的互联网应用和社会形态，它基于扩展现实技术提供沉浸式体验，基于数字孪生技术生成现实世界的镜像，基于区块链技术搭建经济体系，将虚拟世界与现实世界在经济系统、社交系统、身份系统上密切融合，并且允许每个用户进行内容生产和世界编辑。

下面梳理一下元宇宙概念的时间线。

1990年，钱学森先生在信件中提到了虚拟现实技术未来在虚实结合方面的发展愿景，提出了"灵境"的概念，可谓是元宇宙理念的鼻祖。

1992年，Neal Stephenson在科幻小说《雪崩》中首次提出了"Metaverse"一词。《雪崩》中描绘了一个虚拟城市，其中的土地可以被购买，并在上面开发建筑。Metaverse的用户可以通过高质量的个人虚拟现实眼镜，或通过高质量的公共虚拟现实眼镜进入虚拟城市，并与彼此或软件客户端进行交互。

1999年，电影《黑客帝国》上映，其中描述了一个灰暗的未来：人类的肉体通过营养液存活，而精神困在一个名为"矩阵"（Matrix）的元宇宙里，智能机器"母体"则将人类的身体作为能量来源。

2000—2020年，各种营造了虚拟世界的多人网络游戏开始盛行，其中具有代表性的是微软开发的"My World"和Linden Lab开发的"Second Life"。

2011年，科幻小说《头号玩家》描述了2045年的世界被能源危机和全球变暖所笼罩，造成广泛的社会问题和经济停滞。大多数人逃避现实的方式是通过 VR 眼镜和有线手套进入名为"绿洲"（OASIS）的元宇宙。OASIS 既是一款大型多人在线游戏，又是一个虚拟社会。

2021 年，Facebook 公司发布了长视频，宣布全面向元宇宙转型，并更名为 Meta，为日益内卷的互联网行业乃至更加广泛的商业市场、舆论场开创了一个全新的概念和市场。之后，微软、Epic Games、腾讯等技术企业都开始躬身入局。

用小说、故事或者影视作品来分析现象和趋势，是一件"不太靠谱"的事情，因为它们属于言论范畴，而不属于事实范畴。但是，对于目前元宇宙这个前瞻性概念的诞生和演变而言，这些科幻作品起到了极为关键的作用，所以用它们作为时间的索引。

简单而言，笔者把元宇宙的特点归结为以下四点。

（1）元宇宙是个虚拟空间（跟我们日常生活的物理世界有所不同）。

（2）虽然虚拟，但是元宇宙提供了沉浸式的体验，让人身临其境（有别于计算机上的二维、三维显示界面）。

（3）元宇宙可以让人互动、社交、工作，甚至还可以赚钱（如果白天正常上班，下班以后可以进入元宇宙游戏世界）。

（4）在互动方式、身份认定等方面，元宇宙和现实世界既相关又不同。

当然，元宇宙还是一个在不断发展、演变着的概念，其内涵也在持续丰富、变化之中。如果我们认为元宇宙会成为未来社会发展的一个重要方向，那么它和其他一些概念有什么区别，或者说，它不是什么？

（1）元宇宙不是网络游戏

"My World""Second Life"等游戏早就打造了在游戏中创造内容、社交互动的模式，也不乏很多支持AR（增强现实）、VR（虚拟现实）、MR（混合现实）的游戏（如一度火热的《精灵宝可梦》），但是它们并不完全符合元宇宙的要求。这是因为其受众有限（主要是年轻人）、任务指定（脚本是写好的），以及和现实生活无关。

（2）元宇宙不仅是虚拟现实

一般我们所称的虚拟现实，是对现实世界的仿真、模拟甚至控制。相关的VR、AR、MR（统称为"XR"）技术的发展使元宇宙在科学研究（如了解人体构造）、工业设计（如设计机械结构）、商业销售（如体验房屋户型）、社交互动（如在线会议）、数字孪生（如城市管理）等方面有了广泛的应用。虚拟现实更多的是一种技术手段，它是元宇宙的重要组成部分甚至入口，但是并不足以涵盖元宇宙的所有层面。

二、应用价值

如上所述，元宇宙可以说是互联网的下一个发展阶段，可能会给我们的生活、工作甚至整个社会都带来巨大的变化。

（1）人们可以将大量的工作（特别是需要协作的工作）转移到元宇宙中进行，真正做到"海内存知己，天涯若比邻"。这方面的代表是Facebook公司（现更名为Meta）推出的Horizon Workrooms

和微软推出的 Mesh。

（2）很多现有的社会运作方式会发生相应的变化，如商业、地产、教育、购物等。人们可以直接在线上完成购买和体验。不过这对于某些行业而言可能是利空，如对于实际房地产的需求将会降低。

（3）在元宇宙中赚钱需要新经济模型的设计和金融工具。这方面出现了一些尝试，例如"GameFi"[①]和 NFT（非同质化通证）等。

（4）不同行业、不同领域、不同地区的元宇宙如何互通？将来可能会出现多个平行宇宙，它们之间的通信和交互会成为人们的重要需求。

（5）人们可能会主动或者被迫地将越来越多的时间用于元宇宙。在笔者看来，物极必反。将来，或许线下场景反而会成为"奢侈品"。

要建设真正意义上的元宇宙需要大量的技术条件。其中包括用于入口的虚拟现实设备（XR 眼镜、手套等）和脑机接口；用于高速计算的庞大算力（游戏引擎、云计算算力、人工智能/NPC）；用于在虚拟环境中实现身份认证和确保交易的信息安全技术（如区块链技术）。

但更重要的是，人类还需要制定一系列的规则，包括治理规则（如何监管、决策）、社交规则（如何互动、交流）、商务规则（如何赚钱、花钱）、技术规则（如何体验、参与）、内容规则（如

---

① GameFi 是一个宽泛的术语，指的是在游戏中实现金融变现。

何创作、建设）和安全规则（如何认证身份、保护隐私）。

目前跟元宇宙相关的企业，其主要业务可以分为建设基础设施、开发元宇宙平台、协助内容创作、促进社交协作、打造虚实融合场景等。其中代表性企业和产品包括 Epic Games 等公司的网络游戏、网络体验，腾讯/Discord 公司的网络社交，以及微软公司的游戏、企业服务。

不过在目前这个早期阶段，人们必须仔细分析哪些产品是真正能提升效率的，哪些产品只是蹭热点、抢流量的。

三、爆火原因

元宇宙爆火的原因有以下几个方面。

（1）技术进步

元宇宙的发展需要很多技术条件作为支撑，包括 AI、XR、高速网络、区块链等。这些技术在近些年有了长足的发展和实际的落地案例，组合在一起共同构成了一个可能的想象空间。

（2）资本出口

放眼望去，人工智能、电商、社交、短视频、O2O（线上到线下商务模式）等赛道，已经进入了一个"内卷"的阶段。不要误会，这些行业发展得都很好，但是一旦进入了看实际成效的阶段，前期的想象空间也就大大缩小了。下一个十倍、百倍的新兴增长点在哪里？资本为了高额回报在寻觅，同时相关技术企业也因担心错过下一波趋势而广泛布局。

说到这里，笔者经常想到凯文·凯利的名言：在创新这件事情上，钱的作用被高估了。我们都认为只有投入巨资才能创新，但是如果这样的话岂不是所有的创新成果都被大公司垄断了，而事实并非如此。

（3）新冠疫情影响

2020年以来，新冠疫情加快了很多产业、企业从线下向线上的迁移。既然越来越多的工作、交互可以在线完成，越来越多的生意可以远程达成，那么，有没有可能完全在另一个虚拟空间中生活、工作和娱乐？这种潜移默化的想法，从客观上加速了元宇宙的到来。

那么，元宇宙的提出和发展，对于个人或者企业意味着什么呢？我们能否把握其中的机遇，并且回避可能出现的泡沫和陷阱呢？

在今天的互联网行业和舆论中，元宇宙几乎当仁不让地成了热门话题。不过，我们可能要注意，不要一窝蜂地跟随热点。还有人记得当年Facebook公司提出的Libra（现在改名为Diem）计划吗？当时引起了许多热度、流量和讨论，可谓盛况空前、万众瞩目，但是至少从目前来看，它成了一个昙花一现的产品。

因此，对于元宇宙，笔者有如下建议。

（1）对于企业，可以关注虚实结合的场景，看如何与现有的业务相结合，真正凭借元宇宙这股"东风"提升客户体验，创造产业价值。

（2）对于投资者，要注意辨别技术概念在早期的喧嚣和泡沫，找到其中可能在基础设施建设和服务方面具备长期潜力的企业，如为元宇宙提供引擎、算力和底层服务的企业。

（3）对于个人，不妨静观其变，拥抱变化，同时多看看分析较为深入的文章、论文，不被一些暂时性的夸大事件所迷惑。技术行业著名的阿玛拉定律（Amara's Law）提到，对于新事物，我们往往会高估其短期影响，而低估其长期作用。元宇宙也是如此。

第三章

数字化转型之"法"——"V"字方法论

数字化转型涉及企业的战略、文化、数据、技术、管理等方方面面，是一项系统工程。推进数字化转型需要对企业的战略愿景进行重新定位，明确转型的目标和方向，从数字规划、数字能力、转型价值、数据驱动、生态协作等方面确立数字化转型的主要思路，围绕明确企业发展战略、提升企业新型能力、打造数据治理体系、构建系统解决方案、推进业务优化创新、重视数字人才培养等重点任务，采用数字化转型方法论来规划实施路径，有序推动数字化转型工作，并做好相关保障措施。

为此，笔者提出了"V"字方法论，如图3-1所示。在传统的"瀑布式"发展模式中，企业会按照需求分析、用户画像、场景构建、产品研发的顺序，逐步形成MVP（最小可用产品），再逐步根据反馈数据加以优化。但是依照数字化转型的思路，应当采用"数据驱动"的模式，遵循"数据思维"优先，从"V"字右侧开始，通过数据获取、数据治理、数据挖掘、数据分析的治理方法，根

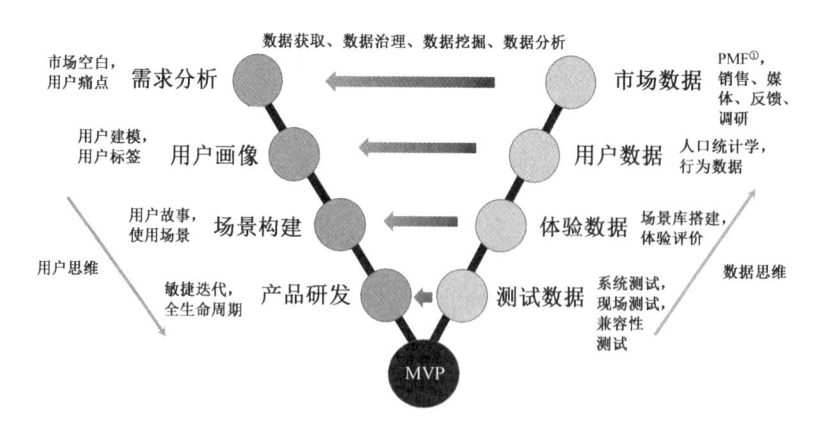

图3-1 "V"字方法论

---

① PMF：产品市场契合点。

据市场数据分析市场需求，依照用户数据形成用户画像，基于体验数据构建使用场景，最后结合测试数据优化产品研发管理。

在数字化转型过程中，企业应定期评估数字化转型的效果，不断调整和优化工作思路和方法，以确保最终实现数字化转型的目标。

第一节　目标

企业数字化转型的目标，一方面是对现有业务的优化，利用数字化手段提质、降本、增收、提效，加速管理升级，提升运营水平；另一方面是在此基础上，深化企业创新能力，发展新业务模式，开辟新收入来源，同时注重企业上下游、外部生态的数字化协同和价值创造，推动企业高质量发展。具体来看，包括以下几个方面。

一、管理精细化

不确定的环境对企业发展的可持续性提出了更高的要求，企业应积极推进数字化转型战略，通过"数字技术+管理创新"双轮驱动模式，在积极探索为企业开辟新收入来源的创新业务的同时，保证企业内部卓越运营，构建企业智慧大脑。通过大数据驱动的持续学习、纠错和演进迭代，实现企业智慧管理能力的持续提升，从而帮助企业能够随着内外部环境变化和目标调整而自主寻优，动态调整业务和资源配置，实现持续成长。通过共享服务模式满足相关企业和人员的共同需求，如财务共享、人力共享、采购共享等。基于数据驱动实时生成业务报告、绩效考评、薪酬等报表，提高业务运转效率，精准控制风险，达到辅助企业管理决策的目的，实现智能化管理，使企业管理更轻量化。

二、产品差异化

在以往标准化的工业时代，企业抢占市场依靠的是扩大生产规模和拓宽销售渠道。但是现在客户需求"千人千面"，消费市场考验企业的不再是企业规模，而是企业如何凭借技术和产品为用户提供个性化服务。产品差异化的目的是利用业务重构与创造新的数据驱动模式，给客户提供更好的体验、服务和产品。企业必须转向网络平台，选择更广泛的供应商，获取更详细的消费者信息，推出更丰富、更复杂的产品线，构建线上线下一体化的购物渠道与体验场景，从而更精准地满足消费者需求。面对用户的个性化需求，企业需要对用户进行分层、分群、分类，为不同的用户在不同的时间提供不同的产品。通过数据分析描绘用户画像，精准了解用户的需求，快速为用户提供相匹配的服务。

三、服务精准化

企业数字化转型所涉及的各种服务，如内部各部门所需的数据要求、流程定制、管理决策，以及外部客户所需的个性化定制等，都可以做到精准定制，从而适应和满足不同的需求。在服务的生命周期内，可以做到针对不同的情况、个性的需求，提供全程的解决方案。精准化的服务可以为各级决策提供准确的依据，使管理更加精准化和科学化，从而确保企业基业长青。精准化的服务可以满足客户个性化的需求，提高客户满意度和忠诚度，为企业带来效益。精准化的服务可以提高业务创新能力，提升竞争力，降低企业成本。精准化的服务在现代社会"一切皆服务"的大背景下，是企业生存和发展的重要竞争力。

四、决策科学化

现代企业、机构需要科学决策，也就是决策科学化。企业数字化转型恰恰能以数字化技术，提供满足决策过程中每个步骤所需的各种数据，以及实现每个步骤所需的各种技术，有效地减少失误和臆断，从而保证决策科学化。企业数字化转型加快了企业数据应用体系建设，数据驱动的企业通过实时的数据分析，将洞察转换成最佳决策，并得以精准执行。强化内外数据的采集、融合、分析、应用、治理能力建设，实现数据在信息系统、自动化设备与人之间的实时、自由、有序地流动，并通过"数据—信息—知识—智慧"的跃迁，实现数据资源为企业全面赋能，从而为企业产品研发、市场销售、经营管理等提供科学决策和精准执行。

五、客户体验个性化

随着大数据与人工智能时代的到来，"以产品为中心"的传统模式正在向"以客户为中心"的新型模式转化，客户体验成为产品的"终极竞争力"。良好的客户体验能够提高客户参与度、转化率及品牌忠诚度，进而带来企业收入和利润率的提升，使企业在数字世界中创造差异，这是企业生存与发展的关键。通过数字化转型，企业能够建立全渠道、多触点的营销模式，实现精准营销，并充分利用大数据、人工智能、机器学习等数字技术，实时感知客户，快速满足客户个性化的需求，建立动态的客户画像。客户可以在产品全生命周期各阶段都获得参与感，这样不仅创新了产品的交付和服务模式，而且能更好地响应客户需求。

第二节　原则

一、业务引领，技术支撑

数字化转型需要企业从最高层面确立总体目标。不同企业数字化转型所处的行业和发展阶段不同，企业应结合自身业务特点，探索适合的战略方向，有针对性地分阶段实施。行业上下游、产业链各企业之间的协同也在助推这一过程。大数据、人工智能、5G、边缘计算等新型数字化技术的应用不断融入业务场景，重塑和创造了众多的产业形态。工业互联网通过数据互联互通、远程监控、数据挖掘，实现了工业企业生产、管理效率的提升，以及潜在价值的发现。个性化定制通过互联网和柔性制造，满足了用户多元化的需求。

二、统一规划，迭代实施

统一规划指对企业的数字资源进行系统性的梳理。企业的数字资源包括但不限于数据、技术和业务等一系列能促成企业数字化转型的资源。企业数字化转型并非是单一地从技术层面进行的，而是在企业对自身现存的资源进行统一规划的基础上，利用数字技术对自身进行全方位、立体式的赋能。企业只有对现存的数字资源进行统一规划，才能避免出现口径不一的数据和造成新的"数据孤岛"，从而减少企业数字化转型的阻力。企业进行数字化转型除了需要进行统一规划，还需要充分认识到数字化转型是一个持续迭代的过程。因此，企业应该根据自身的经营特点、信息化水平、人员能力水平制定数字化转型方案，并以提升客户体验为宗旨，以目标和结果为导向，以迅速变化的客户需求为提升依据，采用敏捷迭代的方式，对企业的基础设施、技术平台、企业架构等进行数字化转型的迭代。

三、价值导向，集约建设

企业数字化转型应坚持价值导向，做有价值的转型。企业面临的困境包括运营成本上升、现金流紧张、企业开源受阻、盈利能力受到严峻考验等。降低成本、提质增效仍然是当前企业数字化转型的重点，对新技术的探索要以能否解决业务转型中的切实痛点为根本出发点，进行适度超前投入。此外，企业数字化转型要树立共享理念，以"大共享"思维为统领，将能集中的资源都共享，如财务共享、人力共享、采购共享、法务共享、IT共享等。在"大共享"平台上进行资源的统一配置，沉淀基于最佳业务实践的业务模型、业务构件等资源，封装面向未来业务流程的、可复用的标准化微服务组件，真正实现集约化建设。

第三节　思路

一、以数字规划为起点

数字化转型不仅是对新技术的实施和运用，而且是对企业的战略、人才、商业模式乃至经营方式产生深远影响的全面变革。当前，越来越多的企业"一把手"在深度参与数字化转型。随着企业数字化建设成本越来越高、风险越来越大，企业在启动数字化转型工作时也越来越谨慎。价值驱动、战略关联、由点及面、领导主抓等都是企业在数字化转型过程中需要考虑的原则及关键点。如何实现数字化转型是一个系统工程，而任何一个系统工程首先要有顶层设计来指明前进的方向。采用数字化思维与科学方法整体规划，做好顶层设计，成为众多企业进行数字化转型的关键路径。企业应立足当下，着眼未来，统筹规划，并围绕客户体验和业务战略展开数字化转型顶层设计。具体来看主要包括如下几个方面。

（1）建立适合企业特点的数字化转型愿景与目标，为企业数字化转型指引方向。

（2）评估企业的数字化转型基础，明晰存在的不足与改进方向。

（3）依照数字化转型框架，规划和设计企业数字化转型的蓝图。

（4）评估数字化转型方案的收益与风险，排定优先顺序，制定完善的数字化转型路径。

（5）设计和评估数字化转型效果的关键指标，以及建立评估方法、评估周期等机制。

二、以数字能力为主线

数字能力是企业提升资产使用效率、业务获单能力和履约水平，从而在数字化转型过程中脱颖而出的核心能力和根基。若缺少基础数据的支持和应用，以及由此形成的对新知识的学习能力、对新挑战的响应能力、对新场景的适应能力、对新业务的开拓能力，企业数字化转型就是空谈。因此，提升数字能力是企业实现数字化规划落地的基础，是企业数字化转型的主要工作路径。数字能力建设是新一代数字技术对云平台全环节、全过程、全链条的改造。在提升数字能力的过程中，一般包括以下几个方面。

（1）通过软件或传感器采集数据，结合本地基础设施建设来存储数据，或运用 5G 等技术实现数据上云。

（2）通过边缘计算、云计算等技术，开展数据治理活动，推进企业大数据与感知硬件、核心软件、云平台等融合发展，形成数据驱动的企业发展新模式。基于企业云平台建设，将技术组件和算法封装成技术服务组件，可供业务共享服务调用，形成支撑业务快速实现的技术能力。

（3）采用人工智能、大数据和系统集成等技术，将数据以合理的形式呈现，并应用在各种业务和运营场景中，赋能企业数字化、智能化发展，实现管理升级，提升决策水平，支持和引导业务流程的变化和优化，实现业务模式创新，最终实现促进数据资源整合，打通各个环节的数据链条，形成全流程的数据闭环。

三、以转型价值为导向

为社会创造价值是企业一切活动的指挥棒。虽然每家企业自身所处的经营状况、市场环境、行业生态大不相同，但无论是为了应对外部竞争压力，还是为了更好地发展业务，企业转型和变革的目标必然是以创造商业和社会价值为导向的。有了明确的价值导向，数字化转型才会有意义，企业内部各层级才会认可数字化转型的必要性。在此前提下，再借助企业外部的力量，结合企业内部的经验，齐力实现数字化转型战略规划和能力主线在业务场景中的具体落地。根据数字化转型本身的特性，在创造和提升企业价值方面，其表现形式包括以下几个方面。

（1）形成新的产品和服务，创造产业价值。将数字化技术应用于产品全生命周期价值的创造中，包括但不限于产品（服务）需求分析、产品（服务）定义、生产制造、交付和售后服务，为客户甚至供应链创造新的价值。

（2）提升资产运营效率等企业对内价值。其重点是高效、经济、灵活地管理企业各类资产，保证持续、有效、高质量的内部运营，实现对业务活动的支撑。

（3）提升业务履约能力等企业对外价值。利用数字化网络整合产业链资源，及时与客户沟通，高效满足客户多样化的业务需求。利用数字化转型契机，发现新的市场领域，创造新的商业模式。

四、以数据要素为驱动

2020 年 3 月 30 日,《中共中央 国务院关于构建更加完善的要素市场化配置体制机制的意见》(以下简称《意见》)正式出台。《意见》明确将数据作为新型的生产要素。个人、企业及政府等的行为都会产生各种各样的数据,通过物联网、大数据、人工智能等数字技术,构建从动态感知、前瞻洞察、智能决策到自动执行的全链路智能化闭环,实现以数据为驱动的智能生产、柔性供应、精准营销、智慧运营、生态协同等业务场景,助力企业实现体验优化、效率提升和价值创造,具体可以分为以下几个方面。

(1)数字服务方面,企业通过对服务全过程进行数据采集与分析,形成更加完整的客户画像,从而精准触达目标客户,提高营销活动的投入产出比。通过多维度的销售数据分析和可视化呈现,优化市场策略,驱动销售业绩增长。利用数字技术延长服务链,将一次性服务价值转变为多次服务价值,提高企业营收。

(2)数字生产方面,基于海量工业数据的实时采集,通过数据的精准分析,优化制造资源的配置,提供符合市场需求的高质量产品,助力企业实现柔性生产,实现降本增效。利用数字技术为生产流程赋能,实现生产全过程监控,不断提高产品质量,助力企业打造良好口碑。

(3)数字管理方面,通过打通跨系统数据,整合企业内外部数据,实现业务场景一体化,企业能够更深入地洞察和指导自身经营管理。企业既可以促进流程优化,又可以驱动智能化决策,针对不同场景有不同的模型算法与专业的第三方服务商。

五、以生态协作为支撑

创造生态、融入生态，成为数字时代竞争发展的重要趋势，在生态中协同创新将加快传统企业数字化转型进程。对于企业而言，在新技术的支持下，企业内外部的互动更加直接，企业与市场的边界更加模糊，同时，企业内部成员与生态成员间的协作变得更加频繁和高效。人们开始以生态思维来思考企业的形态和发展，企业从一个个封闭的"机器"变成了开放的体系。

平台将成为产业运营的核心，以平台为核心的产业生态，在一定程度上取代了以超级企业为核心的产业集群。企业将致力于打造更开放、更广泛、更协同的合作生态，聚合有创造力的新生力量，在技术创新和产品完善的基础上，通过生态协作方式加强行业方案的场景化设计，为自身变革与创新赋能。未来，"平台+生态"将成为主要的商业模式和产业变革的潮流，不同规模的企业有不同的方式。

（1）产业链龙头企业（链主企业）通过构建产业平台，整合数据、算法、算力，借助产业平台把客户、供应商、员工、伙伴连接起来，汇聚价值链资源，实现资源优化配置，推动业务创新和管理创新，塑造数据驱动的生态运营能力。

（2）中小微企业"上云""上平台"，借助链主企业释放的平台能力，实现自身转型升级。通过"上平台"，链主企业拥有中小微企业的数据，更加了解其信用情况，加之链主企业的稳定性，可以联合银行开展产业金融业务，使产业链上的中小微企业可以获得便捷的贷款服务。

第四节 任务

一、明确企业发展战略，提出数字化转型主张

企业发展战略在数字化转型中起到方向引领和把握企业发展趋势的作用，是企业应对未来行业及市场变化做出的重大筹划和策略，是企业内部控制与管理设定的阶段性最高目标。企业数字化转型极其考验企业决策层的战略布局、顶层规划、领导能力和执行能力。

现阶段，企业发展战略的制定要在紧密围绕国家提出的"十四五"规划、"数字中国"和"双碳"目标等具有划时代意义的决策的前提下稳步开展。一方面，企业决策层应结合企业内部情况、外部竞争环境和技术发展方向明确企业发展战略，提出数字化转型主张。企业发展战略是在一定完整性的信息化基础上（如网络、软硬件、数据标准、数据质量等），围绕核心业务进行数字化层级迭代建设，其实施步骤和阶段目标要与数字化转型主张相互协同、阶梯式发展。另一方面，企业发展战略制定后，企业的相关机构调整也要随之展开，同时需要强化风险管控，建立健全企业管理和内控体系，保障企业发展战略和数字化转型主张的实施。

二、提升企业新型数字化能力，支撑数字化转型升级

数字化能力就是数字化生存和发展能力，新型数字化能力则要求企业深化应用新型技术赋能业务，加速创新转型，构建竞争新势能，不断创造新价值，实现企业新发展。企业数字化转型是一个与时俱进、持续推进的动态过程，数字化能力是贯穿企业数字化转型全过程的重要因素。提升企业新型数字化能力，支持企业数字化创新，是推进企业数字化转型的重点任务之一。

企业新型数字化能力的提升可以通过以下几个方面实现。一是要搭建数字化能力体系及企业数字化转型架构，统筹整个企业数字化转型过程中的能力要求，促进能力体系与转型架构融合，更好地为企业数字化创新服务。二是要求企业具备创新性战略规划能力，了解前沿技术与社会战略规划，既要适应信息技术的变革创新要求，又要适应社会整体的战略变革要求。三是企业数字化转型构建于现有技术能力之上，要求企业具备深化应用新型技术的能力，赋能业务加速创新转型，构建竞争新势能。

三、打造数据治理体系，提供数字化转型保障

数据治理体系建设是一项长期且复杂的系统性工程，既涉及企业战略、企业架构等顶层设计，又涉及文化、制度等外部因素，还与系统、平台、工具等技术发展密切相关。随着企业业务的增长，海量、多源异构数据对数据存储、管理和应用提出了新的要求。构建完整的数据治理体系，提供从数据集成到数据清洗，再

到数据融合，最后实现数据资产化的全面的数据治理体系，更好地保障企业业务转型工作，从而充分发挥数据资产的价值，成为企业数字化转型的重要关注点。

建设企业数字化治理体系，一是要对企业数据资源进行总体规划，盘点企业数据资产，形成企业数据资源目录；二是统筹制定企业元数据、主数据、参考数据、业务数据、指标数据等数据标准，奠定数字化建设基础；三是基于统一的数据标准，开展企业数据治理工作，构建数据驱动业务的能力是数据驱动业务应用及创新的关键环节；四是建设企业数据治理制度及规范，明确数据治理的企业机制、角色设置、权责划分，依据企业实际信息化和业务情况，制定相应的制度、规范、流程体系等，为企业数字化转型提供保障。

四、构建系统解决方案，推动全面数字化转型

企业数字化转型是一种系统性的变革创新，涉及企业的方方面面，如战略、文化、数据、技术、流程、服务等。企业应采用系统性的解决方案，推动全面数字化转型，实现要素之间的同频共振。否则，仅是停留在单一节点上的尝试，不仅无关痛痒，而且从某种程度上讲，局部转型会伤害到整体利益。

构建系统解决方案，企业可以从以下几个方面入手。

战略方面，要从战略高度认识数字化转型，将其作为企业发展的顶层设计，转变发展理念和模式。

文化方面，要营造数字化文化的氛围，倡导开放、协作、创

新的工作方式，从领导层到基层员工都能够认同和贯彻。

数据方面，数字化转型需要从数据采集、治理、挖掘、分析和智能应用等方面全面部署，实现数据的打通与共享。

技术方面，充分发挥"云大物移智链"等数字技术的先导作用，实现技术间的组合效应。

流程方面，推进"端到端"流程的优化或重构，实现业务流程的管控和动态优化。

企业方面，构建与业务流程更加协调的企业体系，推动人员优化配置。

服务方面，打通"信息孤岛"，实现信息系统之间、企业各部门之间及企业与生态链之间的数字业务服务能力。

五、推进业务优化与创新，催生新业态与新模式

数据赋能业务、实现业务优化与创新是数据价值变现的关键环节，也是企业数字化转型的核心使命。具体来看，业务优化与创新聚焦于传统业务转型与数字新业务培育两大方向，以及核心业务环节优化、数字化产品/服务创新、数字化生态构建三项重点任务。

核心业务环节优化聚焦企业价值创造的过程，指企业内部利用技术推动业务在线化、运营数据化、决策智能化，实现业务经营提质增效。数字化产品/服务创新聚焦企业价值创造的载体，指企业开发以线上化、智能化、高体验为特征的新产品、新服务，

及时连接客户需求，打造最佳客户体验，扩充企业主营业务的增量空间。数字化生态构建聚焦企业价值创造的合作伙伴，指企业通过与生态伙伴的连接赋能，跨界开展合作创新，发展平台经济，将以往的"产业价值链"转变为"产业价值网"，实现新模式新业态的持续迭代、加速成熟，使企业逐步形成符合数字经济规律的新型业务体系。

六、重视数字化转型人才培养，建设融合型人才团队

具备数字化技能的专业领域人才是拥有数据化思维，有能力对多样化的海量数据进行管理和使用，进而在特定领域转化为有价值的信息和知识，实现数据资产价值的跨领域专业型人才。数字化转型人才数量及其技能水平决定了数字化技术在企业生产过程中能否实现数据资产的衍生价值，是企业实现数字化转型的关键。

面对数字化转型带来的人才需求，企业需要考虑打造高素质的数字化团队，从传统形式向数字化转型的创新形式变革升级，进行数字化转型人才培养。一是以目标为导向，针对性培养人才，形成基于职业发展的数字化转型培养体系。二是参与全流程实践，打造融合型团队，将数字技能融入业务运营、技术创新、数据管理、资源保障等方面。三是利用多种类学习方式激发学习兴趣，进行快速体验式、开放共享式的培训学习。四是绩效驱动，提升学习产出，实现效果的量化和快速反馈。五是通过校企合作，持续进行人才输出，打造数字化新学科。

第五节 实施路径

数字化转型实施路径可以依据企业规模的不同,分为中大型企业和小微企业两种。

对于中大型企业而言,要采用建设与应用并重,按照诊断、分析、建设、应用、迭代的路径开展相关数字化转型工作,实现业务提升和变革,最终推动商业模式的转变,催生新业态,为企业发展创造新机遇。小微企业应该坚持以应用促发展的原则,借助国内成熟的数字化平台,开展数字化业务赋能及变革,解决自身在技术应用、经营管理、生产运营、企业绩效等方面的不足。此外,小微企业可以通过"上云""上平台"等手段,发挥自身在生态中的协同作用,从而更好地实现数字化转型的目标。

企业数字化转型实施路径可以归纳为"1+2+1"体系,分别指一个核心工作体系、两大推动因素和一个能力保障体系。

一个核心工作体系是指企业开展数字化转型的主要实施路径,包括企业进行数字化转型的具体工作步骤和内容,是指导企业进行数字化转型的核心指引。企业在实施路径的指导下按照"总体布局,部分先行"的思路,循序渐进、不断优化,逐步完成企业数字化转型。

两大推动因素是指企业开展数字化转型的战略要求和驱动识

别，二者作为整个企业数字化转型的内在动力，将发展要求作用到核心工作体系中，也是核心工作体系最终要实现的业务目标。

一个能力保障体系是指为了确保企业数字化转型核心工作顺利推进的各方面保障要求，主要包括企业保障、数据保障、技术保障和管理保障四个方面，为企业数字化转型保驾护航。

企业数字化转型要遵循"统一规划、分步实施、步步可用"的基本方针，按照诊断评估、战略规划、数据能力提升、平台建设及运营、迭代升级的基本路线，不断优化提升，最终实现企业数字化转型的目标。

一、诊断评估

通过 PEST 分析法（包括政治、经济、社会、技术）识别驱动因素，评估企业进行数字化转型的大环境基础。利用 SWOT 方法（包括优势、劣势、机会、威胁）分析企业优势和劣势等，评估企业是否适合数字化转型，梳理具体的需求和问题。通过问题诊断，探寻企业进行数字化转型的最佳方式。通过能力评估，明确企业进行数字化转型的资源需求。

二、战略规划

战略规划是企业进行数字化转型的关键。通过战略规划明晰企业数字化建设的愿景、使命、目标及方向，勾勒未来蓝图，明确企业在业务变革、技术保障、产业价值链转型的具体方法。

三、数据能力提升

数据能力提升是企业进行数字化转型的关键环节，企业通过提高数据治理能力、数据管理能力及数据应用能力，最大化释放数据价值，激发企业数字化转型的活力。

四、平台建设及运营

按照战略规划的具体要求，企业应以数据为驱动实施落地执行方案，建设平台及系统集成，通过平台前端应用的迭代优化、平台组建等方式增强平台能力，通过业务流程的升级改造等方式促进平台的有效运营。

五、迭代升级

每个企业和行业都有自身特点，信息化水平、人员和企业的能力水平也有很大差异。企业数字化转型应以提升客户体验为宗旨，以目标、结果、问题为导向，采用敏捷迭代的方式，快速响应客户需求，结合企业实际状况不断优化，从而提升数字化转型方案的适配性。

第六节　方法

构建企业数字化转型工作体系，本节从开展企业数字化问题诊断、统筹企业数字化资源规划、提升企业数据管理/治理/应用能力、数字化平台建设及运营、开展企业数字化转型能力评估几个方面对数字化转型的主要方法展开论述。

一、开展企业数字化问题诊断

数字化问题诊断重点围绕构建分析模型、评估转型现状、对标最佳实践三个方面开展，通过分析企业自身的优势和劣势，识别数字化转型的关键驱动力与关键成功要素。

1. 构建分析模型

从战略层、业务层、支撑层构建数字化转型分析框架，根据行业与企业特点，制定分析模型的要素及权重。战略层包括转型愿景、定位、战略路线、绩效指标等，业务层包括客户体验和运营模式，支撑层包括技术平台、企业与人才。

2. 评估转型现状

基于企业数字化转型分析框架，通过资料收集、问卷调研、深度访谈、集中研讨等方式，深入了解企业现状与需求，多维度评估企业数字化转型的驱动力与关键要素，剖析数字化转型瓶颈及制约因素，明确数字化转型优化的着力点。

3. 对标最佳实践

从所属行业、业务相似度、企业扁平化、转型成效等维度筛选具备参考价值的对标企业。基于企业数字化转型的分析框架，从战略、客户、运营、企业、人才、技术等维度开展绩效指标与管理实践对标。在考虑与对标企业外部环境、发展水平、资源禀赋等条件差异的基础上，综合考虑、因地制宜地提出企业数字化转型目标、思路及实现路径。

二、统筹企业数字化资源规划

企业数字化转型并非单纯以数字技术驱动业务优化，而是从数据、技术、业务、产业、生态等维度全方位、立体式、整体性推动企业数字化转型。因此，应以企业发展目标和结果为导向，以数据为驱动，统筹开展数据资源、技术平台、业务变革、产业整合、生态构建等方面的综合规划，有重点、分阶段地推动企业各项数字化资源协调发展。

1. 数据资源规划

从数据目录规划、数据标准规划、数据模型规划三个方面进行数据资源规划。其中，数据模型规划是关键内容。数据模型规划基于业务需求，构建支撑企业全业务、全过程、全环节的统一数据模型，同时建立统一的数据模型管控机制，持续开展数据模型的完善、升级并及时更新，保持数据模型与数据库的一致性。

2. 技术平台规划

以云化数据中心为资源和能力核心，以微服务化架构为业务功能实现路径，以全域数据实时采集和应用为业务管理和决策驱动，以物联网、互联网为资源、能力的拓展和延伸载体，以大数据、人工智能、区块链、数字孪生等数字技术应用为新动能，推动创建先进、高质量发展的业务新模式，建设以感知层、网络层、数据源层、平台层、应用层及渠道层为主的技术平台架构。

3. 业务变革规划

横向打通业务边界，实现跨专业业务融合；纵向贯穿管理层级，实现业务场景和资源的优化配置；以技术平台为基础支撑，以数据为关键要素，进行业务变革规划。

4. 产业整合规划

以公有云或混合云为媒介，连通产业链上下游，促进"点对点""端对端"的平台服务撮合。以大数据和人工智能技术构建产业图谱，挖掘产业相关方的价值关系，创新价值创造模式，引导产业价值链重构。

5. 生态构建规划

以核心企业为关键纽带，通过建设贯穿政府、监管机构、产业价值链上下游的数字化平台，支撑内外部服务撮合，催生平台经济，逐步构建数据市场，催生新技术、新模式和新业态，打造以核心企业为枢纽的开放、合作、共赢的生态圈，实现产业数字化。

三、提升企业数据管理能力

企业数据管理能力提升要按照"横向拓展、纵向深入、先进带动、全面提升"的总体思路，横向评估企业的范围，包括企业所属的各类分/子公司、参股公司等相关利益体；纵向结合数据战略、数据质量、数据架构等数据管理能力项，纵深推进，持续提升；同时发挥先进企业的带动作用，分批次开展数据管理能力成熟度贯标评估。

企业数据管理能力提升以企业数据管理能力等级评定为基准，按照模型选择、等级评定、问题挖掘、解决方案、管理提升、模型复评、持续优化的流程进行。

（1）模型选择。结合企业数据管理实践经验，充分借鉴当前国内外主流数据管理能力成熟度评估模型研究成果，遴选适合自身特点的数据管理能力成熟度评估模型。DCMM（数据管理成熟度评估）模型是国内正式发布的第一个数据管理成熟度评价模型，可供大部分企业借鉴。

（2）等级评定。基于模型选择，设计合理的评估指标及标准，为企业数据管理能力打分。

（3）问题挖掘。根据企业数据管理能力等级评定的现状，分析评估得分背后的深层次原因。

（4）解决方案。针对数据管理能力相对欠缺的领域，借鉴行业成功经验，从制度和工具两个方面规范企业的数据管理工作。

（5）管理提升。从数据资产工作模式及管理能力优化、数据管理能力专项提升、数据管理发展路线优化三个方面确定管理提升的方向。

（6）模型复评。企业数据管理能力等级评定是一个螺旋式上升的过程，要根据企业所处的不同阶段进行模型复评。

（7）持续优化。对企业数据管理能力进行持续优化，不断迭代更新。

在上述路径下，企业数据管理能力水平是否得到提升，可以由DCMM模型进行评价，以模型评价维度为评价标准。在复评过程中，各维度的加权平均得分达到了相应的等级分数，即可判断企业的数据管理能力水平达到了更高层次的阶段。一般情况下，当企业的数据管理能力达到量化管理及以上阶段，即可认为企业处于较高的数据管理成熟度水平。

四、提升企业数据治理能力

数据治理是数据管理框架的核心职能，可以为数字化转型中的企业提供管理数据、保障高质量数据供给的指导。企业数据治理能力的提升是一个系统性工程，需要整个企业自上而下强有力的统筹，须坚持"战略先行、统筹开展、协同推进、有序变革"的基本思路，分阶段、分批次推动数据治理企业机制和管理制度的变革。

提升企业数据治理能力应当在充分理解企业自身特点和现状的基础上，依据国内外数据治理成熟框架体系，参考同行业、同性质企业的成功经验，围绕健全数据治理机构/人员、制定数据治理战略和完善数据治理制度三个方面进行设计，以目标为导向分解各项工作任务。其中，健全数据治理机构/人员要包括企业数字化转型和数据治理工作的最高级利益相关方、数字化部门、业务部门，以及分/子公司的主要负责人和主要执行人员；制定数据治理战略要充分参考企业的整体战略、管理及技术现状；完善数据治理制度要以国家和行业标准为基础，承接企业战略和发展的方向，覆盖数据管理规定、办法及细则三个层级。

企业应基于数据治理能力提升的方法步骤，围绕数据治理企业效能、数据治理战略合理性和数据治理制度完备性建立数据治理能力提升的评价标准。在数据治理企业效能方面，最关键的评价标准之一是独立的数据治理部门及相关专业岗位设立与否，同时在企业最高层是否设立 CDO（首席数据官）的角色。在数据治理战略合理性方面，最关键的评价标准之一就是战略能否实际落地并指导数据治理和管理的各项工作。在数据治理制度完备性方面，评价标准主要是制度的完整性、合理性、可操作性。

五、提升企业数据应用能力

数据应用能力水平的提升有助于创新业务驱动及促进数据价值的转化。企业数据应用能力水平的提升应以企业数字化战略为导向，以数据应用质量管理为基础，从业务实际出发，通过下列措施实现。

（1）实施数据应用质量管理。一般通过事前管理、事中管理和事后管理三个阶段进行。在这三个阶段，分别针对数据副本中的数据、业务数据引用中的数据、数据应用中的数据进行质量管理。

（2）探索数据应用能力创新。基于企业实际生产经营状况，在数据应用技术、数据应用场景、数据应用商业模式、数据应用价值、数据应用服务等方面进行创新。

（3）加强数据开放合作。构建跨行业、跨领域数据开放合作场景，对接价值定价、服务供给、核账结算、成效评价及分配激励等关键职能的流程机制，建设统一的数据对外服务门户，探索数据对外流通服务赋能模式，强化数据开放合作机制。

（4）完善数据孵化机制。明确数据孵化机制的发展和完善路径，通过激发管理者创新、提高企业自主研发能力、健全资源扶持机制等方式，丰富企业数据应用的价值维度，完善项目落地转化机制，加速孵化数据产品。

（5）优化数据应用激励。健全数据应用激励机制，以精神激励和物质激励的方式调动员工对数据应用的积极性，增强数据应用的活力。

（6）推动数据成果输出。出台各类具有针对性的企业数据应用指引，规范企业数据的应用流程；拓展数据应用成果的输出模式，推动数据应用成果以论文、标准、专利、产品等形式进行转化。

（7）储备数据应用场景。结合企业数据应用现状，积累和沉淀各类数据应用场景，建立企业数据应用场景库，并根据实际工作不断迭代更新。

六、数字化平台建设及运营

1. 数字化平台建设

数字化平台建设是企业进行数字化转型的重要抓手。数字化平台建设可以按照数字化平台规划、数字化平台设计、数字化平台开发的步骤实施，最终建成能够推动企业业务高质量发展的智能平台。

（1）数字化平台规划。数字化平台建设首先要明确目标并制定详细的规划。数字化平台规划在明确数字化转型必要性的基础上，以数字化转型战略为目标指导，从企业业务需求出发，勾勒出建设数字化平台的基本蓝图，并在此基础上确定资源投入。

（2）数字化平台设计。数字化平台包括应用层、平台层、基础层及数据源层。应用层是企业的前端应用，应以用户为中心、以市场为导向，整合覆盖企业生产、管理、运营的已有业务应用。平台层以资源共享复用、业务快速构建为核心，涵盖人工智能、大数据、物联网和移动应用组件。基础层以提升经营管理效率为宗旨，包括基础云平台、全网数据接入的基础设施及网络。数据源层是以确保企业数据源能够全面采集而建设的，能够对数据进行采集、分析、挖掘、存储及应用。

（3）数字化平台开发。数字化平台开发主要包括四个部分内容。一是在应用层开发部件化的业务前台，业务前台包括但不限于业务处理平台、客户服务平台及企业调度平台。二是利用人工智能、区块链等技术在平台层进行相关组件的开发。三是在基础层上完成多渠道接入网络数据，如光纤传输、无线网络、公网传输的网络数据接入开发工作。四是在数据源层上进行企业级数据中心的开发工作。

2. 数字化平台运营

数字化平台运营主要从应用级、平台级、业务级三个层面进行开展。

（1）应用级：打造"建运一体""数据驱动"的应用迭代模式

应用级数字化平台运营主要是指数字化平台前端应用的迭代优化。数字化平台运营需要聚焦"建运一体""数据驱动"两个方面。一方面，要基于 DevOps 模式（包括过程、方法与系统）建立数字应用"建运一体"的闭环管理机制，依托数字化平台，开展数字应用的敏捷开发与持续迭代。另一方面，要基于用户体验选取关键性指标，利用数据和数字化工具开展实时监测与分析，并持续与业界最佳实践进行对标，推动产品持续迭代优化，提升用户体验。

（2）平台级：形成共建共享的平台运营生态

平台级数字化平台运营主要是指数字化平台模型、算法、组件等技术能力的持续沉淀与提升。企业需要秉持"平等开放、共建共享"的运营理念，制定共享服务组件开发、接入与调用规范，建立共享服务组件建设与运营的奖惩机制，鼓励企业内外部团队基于统一的数字化平台开展共享服务组件的开发与创新。按照"支撑业务、沉淀共享、急用先行、问题导向"的原则，将具有共性特征的业务应用沉淀至共享服务平台，逐步打造共建共享的平台运营生态，形成良性循环。

（3）业务级：构建自由拼接的业务流程模式

业务级数字化平台运营主要是指基于数字化平台开展业务流程的重塑与迭代。以数字化平台为基础支撑，通过梳理与拆解业务流程，识别并提取可共享复用的业务环节，沉淀形成积木式、可调用的服务组件。以组件化的方式提供业务平台共享服务，重构形成可灵活组装的业务流程，敏捷响应前端快速多变的用户需求。

七、开展企业数字化转型能力评估

为了确定企业数字化转型效果，进一步促进数字化转型的迭代优化，要对企业数字化转型的建设及结果履行状况进行评估。企业应该在充分考虑国内外先进经验和最佳实践的基础上，通过定性评估与定量评估相结合的方法，构建企业数字化转型能力模型，通过数字化转型能力评估认清自身数字化转型效果及提升空间。

数字化转型能力评估分为以下三个步骤。一是设计数字化转型能力等级矩阵。数字化转型能力等级矩阵需要从战略、人才、业务及技术四大维度进行设计，并且结合文化、客户、资产、安全、治理及运营因素确定评价标准。二是划分数字化转型能力等级。可以根据数字化转型能力等级矩阵，依据数据在企业中发挥的作用和价值，将企业数字化转型的水平分为初始、可重复、可管理、可度量、持续优化五个等级，分别对应数字认知、数字赋能、数字关联、数字自治、数字进化五个层级。三是建立完善的数字化转型能力等级自评价机制，根据企业自身情况，设置具体的指标及评分标准，以保障企业数字化转型能力评估的适配性。

八、数字化转型战略实施

企业实行数字化战略转型，是一个自上而下、由内而外的全面转型过程。通过对数字化转型领军企业与最佳实践的调研分析发现，数字化转型领军企业并非单纯以新颖的技术工具或局部流程变革驱动，而是以价值创造为导向制定企业数字化转型战略，推动企业全域数字化转型。

企业的数字转型战略围绕三大维度实现价值创造，即主营增长（数字化产品、数字化服务、数字化营销）、智能运营（数字化运营、数字化人才）和生态构建（数字化生态）。这三大维度相辅相成，构成协同效应。产品、服务及营销的数字化转型推动企业主营业务增长，并赋能企业价值延伸与生态构建；运营和人才的数字化转型进一步支撑和巩固企业在主营业务上的优势；构建数字化生态帮助企业整合内外部资源，充分释放数据价值，实现跨越式发展。

第七节 能力保障

本节从企业保障、数据保障、技术保障、管理保障四个方面对企业在数字化转型过程中需要的能力保障展开论述。

一、企业保障

企业保障是开展数字化转型的重要保障，为企业实施各项职能活动提供多样化的基础资源，是企业数字化转型得以开展的重要基石。一是加强企业领导能力，提升企业数字化建设和协调能力，落实重点任务牵头责任，建立有效的工作机制及激励机制，确保数字化转型方案执行有力。二是优化企业机构，重点构建数字化转型过程中跨行业、跨部门和跨层级的协同体系，加强企业机构的协同与协调，制定相应的管理办法，不断迭代完善企业职责和管理流程。三是健全人才发展机制，采用外部协同与内部挖潜的人才发展机制，联合院校、科研单位和行业协会共同构建熟悉业务、熟悉信息化、熟悉数字化并能捕捉行业发展方向的融合型团队。四是培育企业数字化文化，通过培育强化员工对数字化文化的价值理解，引导员工转变传统思维模式，为企业数字化转型赋能。

二、数据保障

数据保障为企业全面实现数字化转型提供了坚实可靠的数据来源和发展支撑，包括数据质量、数据安全、数据运营机制三个方面。

三、技术保障

技术保障是数据资产管理框架职能活动有效执行及配合企业管理机制正常运转的基础，包括新一代数字技术和技术平台两个方面。技术保障在加强创新技术研究和应用、推动数据资产管理平台架构演进及管理能力优化提升方面发挥了重要作用。

四、管理保障

构建完善的数字化转型管理保障，是保障和指导数字化转型各项工作有序开展的基础，包括进度管理、沟通管理、质量管理和风险管理等方面。

第四章

数字化转型之"器"——
问题和对策

第一节 避免动辄谈"平台"

在各种产品的方案、介绍里,经常出现平台(Platform)的说法,好像不提就不够大气。那么,到底什么是平台?

简单来说,可以催生更大项目的载体(才)称为平台。例如,就浙江省来说,目前的政务服务平台包括浙里办、浙政钉等。又如,就电子商务来说,让商家可以来开店的商城,也可以称为平台。

但是反过来说,如果只是一个具体的功能或者应用,那么这就不是平台,而是一个产品,或者说是一个程序。

事实上,现在的平台已经不少,总体呈现马太效应[①],大平台基本上占据了大部分的流量,这时候更需要的,反而是众多小而美的、能够满足特定需求(刚需)的平台。

也就是说,企业不做平台并不一定是劣势,甚至反而是优势。

我们在表达、设计、撰写方案的时候,也要注意文字的严谨性。一方面,如果不是做平台的事情,就不要说自己做的是平台。另一方面,别人说他们做的是平台,我们就要问,这个平台如何承载更多、更大的应用。

---

① 马太效应:一种强者越强、弱者越弱的现象。

第四章 数字化转型之"器"——问题和对策

第二节 不要背上"技术债"

应用新技术的常见误区是忽视新技术带来的风险，而只关注新技术带来的优势。所有的技术、产品都有其适用场景和优/劣势，必须扬其所长、避其所短。

在应用新技术时，一个常见的误区是忽视新技术可能带来的风险而过分强调其优势和优点。然而，我们必须认识到，所有的技术和产品都有其适用场景和局限性。在涉及重要资产安全甚至人身安全的领域，尤其需要谨慎对待，充分认识并平衡其中的利与弊。以下是两个具有代表性的例子。

第一个例子是日本的移动通信网络非常发达，但在震级高达9.0级的"311大地震"发生之后，这个网络遭受了巨大的干扰而陷入瘫痪。然而，传统的街边电话亭却依然存在，并且在紧急情况下发挥了关键作用。这个例子展示了在极端环境下，新技术的脆弱性及传统解决方案的强大韧性。在特殊情景下，传统的基础设施仍然具备重要的应用价值。

第二个例子是核电行业。尽管科技发展不断带来新的技术选择，核电厂通常更倾向于选择经过充分验证、历经多次实践考验的相对落后但极其稳定的技术。在这个领域，安全性是至关重要的，任何失误都可能引发灾难性的后果。因此，核电厂不会迅速采用新的、尚未经过充分验证的技术。这个例子表明，在设计和使用新产品时，必须特别考虑保护性设计，特别是在关系到人身安全和环境安全的领域。

通过这两个例子，我们深刻地认识到新技术的复杂性。虽然新技术可能带来创新和效率，但也可能引入未知的风险和挑战。在技术创新的道路上，我们必须保持谨慎的态度，同时深入了解每项技术的优点和不足，确保技术的应用不仅会带来积极影响，而且能够保障整体的安全和稳定。在应用新技术的过程中，必须进行适当的技术评估、风险管理，并进行明智的选型，以充分发挥其优势，同时最大限度地减少潜在的风险。

简而言之，新技术往往是双刃剑，只有了解其长处和短处，才能发挥更大的作用。

第四章　数字化转型之"器"——问题和对策

第三节　目的是转型，而不只是数字化

数字化转型的核心逻辑是通过数字化推动企业转型和改革。与单纯的信息化、数字化相比，数字化转型的关键在于"转"，即对于现有商业模式、组织形式、运营方法和技术手段进行重构和改造。数字化是手段和抓手，企业的转型和政府的改革是目的。

从这个意义上来说，数字化转型不能停留在数字化阶段，更不能把数字化本身作为目的。

相对于依赖技术的数字化（主要是工程问题，部分涉及科学问题），制度建设、决策机制、评价体系上的改革更难，但是也更有可持续意义。简单来说，如果一个企业花费了很多成本进行数字化转型，买了一整套的数字化工具、系统、平台、大屏等，但是在制定真正的战略决策时，依然是拍脑袋、凭经验，那就没有达到数字化转型的目的。

同样地，如果在给客户提供服务时，没有用数字化方法分析客户画像，做到有的放矢，而依然用传统的商务模式，那么，数字化转型也没有成功。

但是部分企业可能会说，传统方式也运转得很好，并不妨

碍企业盈利和给客户提供优质的服务。这也恰恰证明了，从更大的维度来看，数字化转型本身也不是最终目的。最终目的应该是提高效益、降低成本和减少风险，即怎么有用怎么来。不能为了数字化转型而数字化转型，这样反而加了不必要的桎梏。

第四章 数字化转型之"器"——问题和对策

第四节 匹配的市场策略有哪些

数字化转型的市场策略包括多个方面，它们在推动企业变革的过程中发挥着重要作用。以下介绍数字化转型匹配的市场策略，其中几个关键的市场策略如下。

1. 软件功能硬件化

对于那些软件无法充分体现价值或者容易被复制的场景，企业需要深入思考如何通过硬件实现软件的功能。这不仅仅是简单地将软件"套入"硬件外壳，而是通过芯片、集成硬件（如 FPGA[①]）等手段将软件功能硬化化。这可以增加产品的差异性，提升竞争力。

2. 服务产品化

服务需要专人对接客户、定制解决方案，而产品则是能够满足标准化需求的解决方案。服务产品化意味着将定制化的服务转化为标准化的产品，从而提高效率和规模，降低成本。

3. 技术平台化

类似于不同款汽车使用相同底盘，技术平台化将共用的技术

---

① FPGA：现场可编程门阵列。

基础作为多个产品的基础，从而快速实现产品开发和复制。这种策略能够提高研发效率和降低成本。

4. 产品序列化

将项目逐步沉淀为产品，以产品为核心进行推广，通过项目的不断迭代和完善来打磨产品。序列化能够加速产品推向市场，从而更好地满足不同客户的需求。

综上所述，数字化转型的市场策略包括软件功能硬件化、服务产品化、技术平台化和产品序列化。这些策略可以在不同的情境下相互结合，为企业在数字化时代中成功实现数字化转型提供有力支持。通过深入思考和灵活运用这些策略，企业能够更好地适应不断变化的市场环境，提升竞争力，实现可持续发展。

第五节 如何选择合适的数字化人才

著名的科技作家 Jeff Schwab 写过一篇文章，按照知识的广度和深度，将员工（这里主要针对技术人才而言）分成三类（如图 4-1 所示）。

（1）大饼型员工：拥有知识广度，但没有知识深度。

（2）竹竿型员工：拥有知识深度，但没有知识广度。

（3）T 型员工：介于前两者之间。

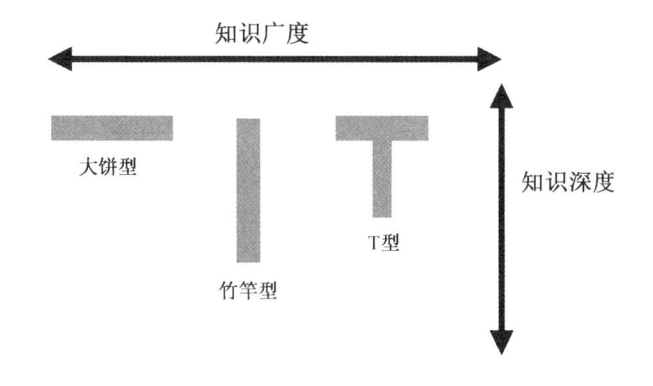

图 4-1 员工类型

通常情况下，竹竿型员工在职场中的出路最好，其次是知识广度和知识深度比较均衡的 T 型员工，雇主大多愿意为知识深度买单。因为现代社会高度分工化，越是大公司，岗位职责越明确，越需要领域专家，而不是一个面面俱到但是都不深入的多面手。这也体现在面试环节中，面试官往往看重应聘者在某个领域深耕的程度。

但有一种情况例外，具备知识广度的员工会有明显的优势，那就是确定项目路线的时候（如图 4-2 所示）。

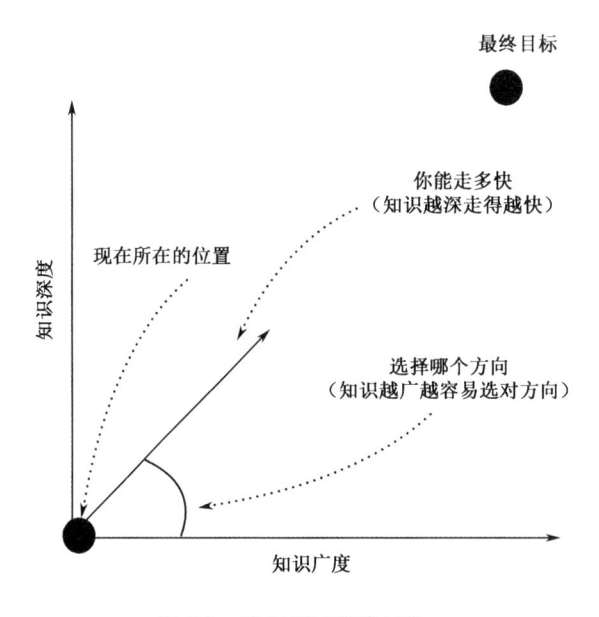

图 4-2　确定项目路线示意

图 4-2 右上角有一个黑点，那是公司的最终目标。当前位置在左下角的原点，两点之间没有现成的道路，需要自己寻找实现路径。

这时，知识广度就发挥作用了。员工了解的信息越广泛，就越可能具备敏锐的洞察力，能够从多条路径里选择最合适的道路。

某种意义上，知识广度带来的是更宽的视野，进而可能产生某种智慧。在较短的时间里，知识深度的作用往往比智慧的作用更重要。但是在足够长的时间里,智慧往往比知识更有价值。

在现实生活和实际工作中,我们更加看重知识深度,因为知识深度更容易快速地测出来。

对于长期而艰巨的项目,"走得快"固然重要,但更重要的是找准方向。如果方向不对,走得再快也没用,开始一旦走错方向,后期就必须停下来校正,甚至可能永远无法达到目标。

因此,大饼型人才比较适合确定项目方向、担任团队领导。乔布斯、马斯克就是这样的人。他们既懂技术,又懂市场和管理,还了解人文(乔布斯的名言是:"我喜欢站在人文和技术的交叉点")。他们一旦掌握资源,就能带领团队做出创新的产品。但如果让他们担任工程师,那么很可能是糟糕的工程师,甚至会被开除。

总结一下,对于公司来说,如果有明确的技术方向,那么就需要聘请竹竿型员工,帮助公司加快发展速度。如果是刚刚诞生的创业公司,还在摸索方向,那么聘请大饼型员工也许更适合。

以架构师岗位为例。对于每一位工程师来说,并不代表一定要有一个架构师的头衔,而是心中有大局观、有系统性的思维(架构师思维),能深入理解问题,进而开发出更好的产品。

那么,什么是架构师思维?

架构设计的目的是控制技术的复杂性。而要控制技术的复杂性,有几种有效的方式,分别是抽象、分治、复用和迭代。架构师思维其实就是这几种方式的集合。

(1) 抽象思维

抽象思维是整个架构设计的基础。架构设计是为了满足业务需求而存在的，而业务需求都是一些文字性、图片性的描述，以及原型、设计图，这些需求最终要转变成代码让机器执行，就必须先将其抽象化，抽象成计算机能识别的模型。

其实对于抽象思维我们并不陌生，因为我们从小学习的数学中就有很多有关抽象思维的训练。例如，鸡兔同笼问题看似复杂，但把鸡的数量抽象成 x，把兔子的数量抽象成 y，就可以用二元一次方程列出相应的方程式，从而进行求解。

在软件项目中，遇到类似的场景时，可以考虑利用抽象思维总结规律和方法。有时候，即使场景不同，也可以把其中有共性的内容抽象出来以便使用。

在架构设计中，对需求进行抽象建模后，可以帮助我们隐藏很多无关紧要的细节。在进行高层次的架构设计时，我们可以聚焦在几个主要的模型上，而不必关心模型内的细节实现。

(2) 分治思维

架构设计的一个重点是要对复杂系统分而治之，即分解成小的、简单的部分。但光分解是不够的，还需要保证分解后的部分能够通过约定好的协议集成在一起。

分治思维在架构设计中有很多经典的应用。例如，分层架构就是把 UI（用户界面）部分与其业务逻辑部分隔离，使 UI 和业务逻辑两个部分可以独立进行变更。UI 交互修改时，不需要修改业务逻辑代码；业务逻辑部分对性能进行优化时，不需要修改 UI 界面。而每层之间，可以通过约定好的方法或者 API（应用程序编程接口）进行交互。

又如，利用大数据高并发这些复杂问题，也是通过分治来实现的。单台机器无论性能如何优化，都是有极限的。而像"双十一"这种购物高峰时期，瞬间可能有几百、几千万次请求，远远超出单台服务器的处理能力，这就需要通过设计合理的策略，将请求分散到不同的服务器集群来处理，使每台服务器的流量不至于太大。

分治思维不仅适用于架构，也适用于程序员平时写代码。例如，有些程序员在写代码时，常常把大量的逻辑放在一个方法或者一个类里面，后续极难理解和维护。如果能将代码拆分成几个小的方法或者小的类，不仅结构更清晰，而且更容易理解和维护。

（3）复用思维

复用是一种简单有效的提升开发效率的方法，通过对相同内容的抽象，使这些内容能够在不同的场景中重复利用。

复用思维在编写程序的时候很常用。例如，有的程序员喜欢复制、粘贴代码，所以经常可以看到很多重复的代码，在修改程序时，得同时修改好几个地方。

如果能把这些重复的代码提取成公共的类或者方法，就可以减少很多重复，让代码更加简洁和易于维护。

（4）迭代思维

好的架构设计通常不是一步到位的，而是先满足当前业务需求，之后随着业务的变化逐步演进的。

即使像淘宝这样的业务，其背后的架构设计也不是一步到位的，而是拆分成好多微服务。最开始，它也只是普通的分层架构，随着业务的不断扩展，逐步迭代成今天这样复杂的架构。

这种迭代的思维在编写程序时也很重要。因为很多程序员喜欢追求完美，期望能一步到位，然而这样带来的问题是开发成本的大量增加或进度延误。与此同时，如果对需求的变化预测不正确，就会产生很多冗余的代码，后期难以维护。

其实，开发人员对以上提到的这些思维模式都不陌生，只是在实践的时候，总是有意无意地忽略了。

那么，好的架构师是什么样的？

对于程序员来说，培养架构师思维，并不是一件很难的事情。然而要成为好的架构师，光有架构师思维还不够。一个好的架构师，不仅技术要好，而且要懂业务，既能从整体设计架构，又能从局部实现功能。

例如，一个在互联网软件架构设计方面有着丰富经验的架构师，去做建筑行业软件的架构设计，在短时间内一定很难设计出好的架构，因为他需要先熟悉建筑行业软件的业务，才能设计出符合业务特点的架构。

有一种架构师被称为"PPT 架构师",也就是说其擅长写 PPT、画架构图,对各种热门的名词如数家珍,但却脱离一线开发,对业务和底层基础知识知之甚少。

这样的架构师设计出来的架构,通常是不接地气的,实现起来非常困难、成本也高。因为作为架构师,如果不编写代码,就不能体会到设计缺陷带来的问题,也无法及时地对架构中的问题做出调整。

所以一名好的架构师,最好是程序员出身,并且能坚持做一线程序员。他或许不需要写大量的业务代码,但至少要参与一部分编码工作及代码审查工作,以保证架构的正确执行。

好的架构师不仅要有技术深度,而且要有一定的技术广度。因为技术的选型通常不局限于某一种技术,而需要根据业务特点和团队特点灵活地进行选择。

好的架构师还需具备沟通能力。作为程序员,需专注于模块开发,相对不需要太多的沟通工作。但是作为架构师就不一样了,除了架构设计,还要做大量的沟通工作。

一方面,架构师要经常和产品经理打交道,反复确认需求,了解需求细节。只有这样才能清晰地分析需求,了解各种用户场景。

另一方面,架构师设计出来的架构,要能通过文档、会议描述给其他人,让其他人理解架构、用好架构。

所以要成为好的架构师,需要具备以下几个条件。

（1）有架构师思维：具备良好的抽象思维、分治思维、复用思维和迭代思维。

（2）懂业务需求：能很好地理解业务需求，能针对业务特点设计好的架构。

（3）有丰富的编码经验：像抽象思维、分治思维、复用思维等，都需要大量的编码练习才能掌握。

（4）良好的沟通能力：架构师既需要沟通确认需求，又需要让团队理解架构设计。

第六节　数据使用的隐私泄露风险

2021年8月20日，十三届全国人大常委会第三十次会议表决通过《中华人民共和国个人信息保护法》（以下简称"本法案"），自2021年11月1日起施行。

本法案全文共八章、七十条，对个人信息的处理规则、个人信息的跨境提供、个人信息主体权利、信息处理者的义务、履行个人信息监管职责的部门及法律责任等问题予以明确规定，体现了在保护个人信息权利的同时，注重促进个人信息合理利用的立法精神。

作为数据领域的基本法律，本法案的起草和制定备受关注。而企业作为最重要的个人信息持有者和利用者，已习以为常的诸多做法有可能属于违法行为，所以，如何依法合规地进行个人信息处理，已经成为企业面临的极其重要的课题。

基于此，笔者从企业的视角梳理本法案的主要内容，希望对企业合法合规地进行个人信息处理有所裨益。

要点一：哪些企业可能面临本法案的合规法律责任风险

对于谁需要考虑个人信息处理的合规问题，有一种错误的理解，即只有互联网公司才应关注数据合规。但事实上，无论是传统行业还是新兴行业，几乎所有企业都会涉及个人信息。举个简单的例子，公司聘用员工时收集的员工信息，以及提供产品和服务时收集的客户资料，均属于对个人信息的处理行为，因此，绝大多数企业都在本法案的管辖范围中。

境内企业几乎都适用本法案，自然并无争议。本法案第三条首次在法律层面增加了"域外效力"的规定，使其具有了"长臂管辖"的效果。即对于在境外处理境内自然人个人信息的活动，有下列情形之一的，同样适用本法：

（1）以向境内自然人提供产品或者服务为目的。

（2）分析、评估境内自然人的行为。

（3）法律、行政法规规定的其他情形。

要点二：哪些信息属于个人信息

企业在经营管理过程中涉及的数据纷繁复杂，不同的数据类型对应着不同的法律风险，而个人信息，尤其是涉及医疗健康、征信等个人敏感信息，一旦泄露或滥用可能危及人身和财产安全，也容易导致个人名誉、身心健康受到损害，因此，法律对企业提出了更高的合规要求。判断哪些信息属于"个人信息"，对企业的风险控制至关重要。

对于个人信息的判断，本法案与《民法典》及《网络安全法》的规定主要有两点不同。

其一，本法案对于个人信息的判断，除了延续既有立法的"识别型"定义方式，还以"关联型"的判断标准扩大了个人信息的范围，即"个人信息是以电子或者其他方式记录的与已识别或者可识别的自然人有关的各种信息,不包括匿名化处理后的信息"。而与自然人"有关的各种信息",则可能包括消费记录、浏览信息、搜索记录、IP 地址等信息。

其二,本法案对于个人信息的定义,仅采取定义式的规定方式,而未采取不完全列举方式,如《民法典》规定:"个人信息是以电子或其他方式记录的能够单独或者与其他信息结合识别特定自然人的各种信息,包括自然人的姓名、出生日期、身份证件号码、生物识别信息、住址、电话号码、电子邮箱、健康信息、行踪信息等。"

事实上,本法案的此种规定扩大了个人信息的范围,此种变化将直接增加企业的合规压力,因为可识别及可关联到个人的信息都将被纳入保护的范围,尤其随着新技术的发展,个人信息的范围存在不断扩大的可能。

要点三:企业处理个人信息应当遵循哪些原则

本法案规定了企业进行个人信息处理,需遵循以下基本原则:

合法正当原则(第 5 条)、目的明确及最小化原则(第 6 条)、公开透明原则(第 7 条)、数据质量原则(第 8 条)、可问责性原则(第 9 条)、数据安全原则(第 11 条)。

要点四:"知情、同意"是企业合法处理个人信息的主要依据

在商业实践中,企业通过用户勾选隐私政策而获得个人信息的授权使用,这便是同意原则在现实应用中最典型的体现,也是企业得以利用个人信息最常见的方式。

与《网络安全法》将用户同意作为唯一的合法依据不同,本法案为企业处理个人信息设定了七项合法性基础。在七项合法性基础中，用户同意仍为最主要、最常用的途径和手段，但除了取得用户的同意外，企业仍可在"（一）为订立或者履行个人作为一方当事人的合同所必需；（二）为履行法定职责或者法定义务所必需；（三）为应对突发公共卫生事件，或者紧急情况下为保护自然人的生命健康和财产安全所必需；（四）为公共利益实施新闻报道、舆论监督等行为；（五）在合理的范围内处理个人信息；（六）法律、行政法规规定的其他情形"六种情形下，未经同意即可处理个人信息。

此外，本法案第27条规定了个人信息处理者可以在合理的范围内处理个人自行公开或者其他已经合法公开的个人信息，个人明确拒绝的除外。个人信息处理者处理已公开的个人信息，对个人权益有重大影响的，应当依照本法案的相关规定取得个人同意。

要点五：企业应如何获得信息主体的有效同意

针对企业获得信息主体的有效同意，本法案主要规定了同意的基本规则和特殊规则。

就基本规则而言，企业要获得主体的有效同意，应当由个人在充分知情的前提下，作出自愿、明确的意思表示；如果法律法规规定处理个人信息应当取得个人单独同意或书面同意的，从其规定；如果信息处理的目的、方式及个人信息种类发生变更的，应重新取得个人同意（第14条）。个人有权撤回其同意（第15条）。处理未成年人信息，应取得其监护人同意（第31条）。

此外，除非提供产品或服务所必需，企业不得以个人不同意或者撤回同意为由，拒绝提供产品或服务（第16条）。但是，该条并未明确"拒绝提供产品或服务"是否包括了提供差异化的服务。

而同意的特殊规则,则表现为针对个人信息处理情境的差别,采取的差异化同意方式,即本法案首次提出的"单独同意"及"书面同意"规则。企业向第三方提供个人信息(第21条)、公开其处理的个人信息(第25条)、处理个人敏感数据(第28条)、企业进行跨境数据传输(第38条)的,应当取得个人的单独同意。法律法规规定处理个人敏感信息应当取得书面同意的,从其规定(第29条)。

要点六:企业进行精准营销、用户画像不能任性

随着互联网和数据分析技术的飞速发展和广泛运用,企业实现了商业模式的完全重构。例如,电商平台根据所掌握的用户资产特征、购物爱好、需求特征等信息绘制用户画像,准确掌握目标用户的潜在需求,更有针对性地向用户提供产品。

在商业模式的升级为企业创造价值的同时,也为企业带来了越来越大的合规风险,大数据"杀熟"、区别定价及广告骚扰等负面问题成为企业商业模式合规路上的"拦路虎"。对于这些常见的智能商业模式,本法案也进行了特别规定。

本法案第25条要求,企业如将采集的个人信息进行自动化决策时,首先应保证决策的透明度和处理结果的公平合理。同时赋予信息主体在认为自动化决策有重大影响的情况下,要求企业予以说明并拒绝其仅通过自动化决策方式做出决定的权利。而在通过自动化决策方式进行商业营销、信息推送的情形下,信息处理企业也应当提供不针对个人特征的选项。

要点七：企业跨境提供个人信息须遵循法定程序

在全球经济一体化进程中，越来越多的企业面临数据出境的现实需要。例如，跨国国际酒店掌握的会员在全球范围内的消费记录，国际航空公司掌握的乘客里程记录等。

针对个人信息的跨境流动，本法案体现了"以流动为原则、以不流动为例外"的促进个人信息有序流动的精神。

本法案第 24 条规定了个人信息跨境流动的四项条件：国家网信部门企业的安全评估、经专业机构进行个人信息保护认证、与境外接收方订立合同及法律，以及行政法规或者国家网信部门规定的其他条件。前述四项条件仅需满足其中之一即可向境外提供个人信息。相较于《个人信息出境安全评估办法（征求意见稿）》，本法案丰富了个人信息跨境提供的合法条件，也便于实现企业的数据跨境合规。

同时，根据既有的《网络安全法》及配套规则的立法逻辑，数据出境的前提条件是数据的本地化存储。针对数据的本地化存储条件，本法案第 40 条规定，"关键信息基础设施运营者和处理个人信息达到国家网信部门规定数量的个人信息处理者，应当将在境内收集和产生的个人信息存储在境内。确需向境外提供的，应当通过国家网信部门企业的安全评估；法律、行政法规和国家网信部门规定可以不进行安全评估的，从其规定。"此规定打破了《网络安全法》所要求的关键信息基础设施运营者在境内运营中收集和产生的个人信息均应在境内存储的局限，体现了支持个人信息自由跨境流动的趋势。

要点八：企业须建立个人信息保护合规体系制度

我国监管部门一直十分关注个人信息领域可能引发的风险，因此，企业必须时刻考虑如何在法律政策监管允许范围之内合规经营。作为风险防范的源头和防线，如何在企业内部建立个人信息保护的合规体系制度，变得尤为重要。

针对从事个人信息处理活动的企业合规义务，本法案第五章予以明确，包括要求企业按照规定制定内部管理制度和操作规程、实行分级分类管理、采取相应的安全技术措施等（第51条）；指定个人信息保护负责人对个人信息处理活动进行监督（第52条），定期对其个人信息活动进行合规审计（第54条），对处理敏感个人信息、进行自动化决策等高风险处理活动，进行事前风险评估（第55条），履行个人信息泄露通知和补救义务等（第57条）。

要点九：企业的个人信息处理行为受到哪些部门的监管

对于受到高度监管的数据领域而言，企业进行合规建设的一个重要方面是应当了解监管机构。

在现有法律法规及相关政策的框架下，网络与数据领域呈现多头监管的现状，在本法案制定的过程中，也不乏建议者提出，建立统一的数据监管机构，以解决分散执法问题。

从本法案第60条可以看出，我国在个人信息保护方面，仍将采取现有的执法模式，即"国家网信部门负责统筹协调个人信息保护工作和相关监督管理工作。国务院有关部门依照本法和有关法律、行政法规的规定，在各自职责范围内负责个人信息保护和监督管理工作"。

要点十：违法处理个人信息的企业将承担高额行政罚款

数据合规最直接的目的在于促使企业承担法律责任。企业数据战略的实现、数据价值的保护和商誉的维护核心是避免触及法律责任的红线。企业在个人信息保护合规过程中涉及多元的责任制度，本法案因兼具私法与公法的特征，主要涉及企业的民事及行政责任风险。

在数据执法领域，强监管和严格的法律责任是趋势。无论是欧盟还是美国，均通过设置高额罚款等严厉的事后处罚机制，倒逼企业实现对个人信息的全面保护。

显然，本法案在此种立法考量背景下，选择了加大对违法行为的惩罚力度，设置了严格的法律责任。其一，本法案承续了《网络安全法》针对一般违法行为处以一百万元以下罚款，以及对直接负责的主管人员和其他直接责任人员处一万元以上十万元以下罚款的基本规定；其二，本法案规定了情节严重时高达五千万元以下或者上一年度营业额百分之五以下罚款，并可以责令暂停相关业务、停业整顿、通报有关主管部门吊销相关业务许可或者吊销营业执照；对直接负责的主管人员和其他直接责任人员处十万元以上一百万元以下罚款（第66条）；同时增加了"记入信用档案"的处罚（第67条）。

此外，本法案还规定了民事诉讼及公益诉讼机制。个人信息权益受到侵害的个人可通过民事诉讼向违反个人信息处理的信息处理者主张损害赔偿责任。而且，如果个人信息处理者违反本法规定处理个人信息，侵害众多个人的权益的，人民检察院、履行个人信息保护职责的部门和国家网信部门确定的企业可以依法向人民法院提起诉讼（第70条）。

第七节　在数字化时代，依然要重视人的作用

在数字化转型已经成为无数企业、机构首要任务的今天，我们依然不能忘记：数字化技术是手段、是利器，而人是根本，是数字化转型的执行者和使用者。

这意味着企业管理者在考虑系统构建、技术选型、数据治理、工具优化等问题时，还应考虑员工需具备使用这些工具的能力和意愿，以及企业需为员工提供足够的激励机制。否则，再好的工具也难以发挥足够的潜力。如果员工有充足的信心和战斗力，即使技术工具落后，也一样有机会达成目标。需要牢记的是，技术可以帮助人，但不能取代人。

一个优秀的管理者，即使不吃不喝不睡觉，一天也只有 24 小时。若不能充分调动员工的积极性，让员工变成精兵强将，那么，单靠管理者个人的力量，是不可能推动企业发展的。因此，管理者的工作重点应该是建设团队，让团队成员变得更优秀，这才是企业发展壮大的关键。

很多管理者拥有卓越的专业能力，甚至是行业专家，但他们不一定具备良好的团队领导能力。这是因为他们通常在执行层面扮演主要角色，喜欢掌控权力，习惯只将员工视作助手。最终，

虽然他们个人取得了出色的成就，但员工的表现平平，整个团队的协作效能也未能提高。

怎样才能让团队成员变得更优秀，让团队力量壮大呢？

关键之一是从"管人"变为"带人"。

如果管理者只是单纯地"管人"，那么，就算再费尽心思、绞尽脑汁，也不可能把人管好，而且管得越严，越适得其反。只有懂得从"管人"上升到"带人"，才能把企业经营好。要想带好人，不妨从下面几个方面努力。

1. 用"理人"代替"管人"

所谓管理，重要的不是"管"，而是"理"。管理者要注意这个问题，少"管"下属，但要多"理"下属。

"理"下属，表明你关心他、关注他、看重他，这样下属也会"理"你。这就叫"敬人者人恒敬之"。而"管"就是在表明，我比你能力强、职位高，你要听我的，这会让下属没面子。总之，要想下属或员工尊敬你、服从你，你就要多"理"他、少"管"他，让他知道你器重他。

2. 用"安人"代替"管人"

仅仅是"理人"还不够，要想下属努力工作，最高的境界是"安人"。把下属安抚好了，即使你不"理"他，他也会好好工作。所谓"安人"，通俗的解释是把人安顿好。

安顿好下属，就容易打动下属的心。"安人"表现为尊重并信任下属、敢于放权，不要一开口就说："我看你也做不好。"这样下属真的会做不好。你要说的是："你放心去做吧，我相信你能做好。"这是一种激励人的方法。

3. 用"传帮带"代替"管人"

"传帮带"是独具特色的带人方法，"传"是指传授、传承，"帮"是指帮助，"带"是指带动、带领。在"传帮带"中，管理者与教练的角色合二为一，运用自己的经验、智慧帮助下属成长，带领他们共同完成使命。

综上所述，选好人、用好人、带好人，并让每个人都有强烈的团队意识，相互间保持协作与支持，团队的战斗力才能真正爆发，使得"1+1"不只是大于2。

第八节　价值源自解决实际问题

转型、改革的目的是解决实际问题，只有这样才能创造价值。要发现问题、痛点，就必须对业务本身做深入的调研、剖析、理解和解读。这往往需要行业实践经验的长期积累，而不是简单依靠阅读一些介绍材料、文案就能够获得的，更不能直接套用其他行业或数字化领域的经验闭门造车，形成"拿着锤子找钉子"的局面。即使用自己习惯的工具，解决自己想象中的问题，而根本触及不到深层次的核心难题。

怎么解决这样的问题？这需要我们在数字化转型过程中，必须要"懂"业务。这里的"懂"，不只是看看PPT、架构图，而是要深入了解客户的业务实践、工作流程、行业技巧，有时候甚至要引入一些行业专家作为顾问或者团队成员。

只有这样，才能真正找到行业痛点，跟客户内部的专家平等交流、具体沟通，而不是只浮于表面，甚至提一些自己创造出来的需求，导致在遇到行业专家时可能连话都搭不上。

第九节　时刻注意合规性

在数字化转型的推进过程中，需要进行大量的网络、数据、服务建设工作，其中不可避免地涉及网络安全、数据安全、隐私保护等敏感问题，如果处理不当，可能会出现"一着不慎满盘皆输"的情况，必须加以重视。

特别是随着《个人信息保护法》《数据安全法》的落地实施，数据安全治理领域正式进入强监管时代，掌握大量数据的企业无疑成为数据合规监管的重中之重。数据合规性建设直接关系到企业的生存与发展，企业（尤其是互联网龙头企业）必须从依法依规的角度重新审视运作模式，在专业第三方的帮助下，在数字化转型的道路上建立完善的个人信息保护和数据安全合规体系。

第十节 如何面对危机

对于一家技术企业而言,在面临危机时应该做什么?以下是笔者的三点建议。

一、集中兵力攻坚、避免分散精力

在经济形势好的时候,企业往往尽可能多地寻找机会,特别是一些平台型、基础型、工具型的企业,需要寻求更多的应用场景以发现新的增长点。这方面固然可能带来惊喜,但是也意味着战线的拉长、投入的增加和人员数量的快速增长。

对于大企业而言,这些布局往往是为了未来的战略发展。然而,对于中小企业而言,如果把所有的人力、资源都集中在一个领域、一个方向上,是有可能取得一定的区域性领先优势地位的,即使只有几十人,也有可能在单个方向上取得突破。

但是如果企业将有限的资源、人力分散在多个不同的产品线、市场线、项目线,那么,很有可能表面上什么都能做,但实际上每一样都不精,最终只能陷入价格竞争。

在当前的经济形势下,企业应该抓住机会"瘦身"(这个"身"更多地指不赚钱的业务、方向),集中兵力,攻打自己的优势市场,服务好自己的核心客户,增强自身竞争能力。

二、修炼内功，还"技术债""管理债"

这涉及对长期趋势的判断，即未来会怎么样？

企业在快速发展的时候，往往会积累很多的"技术债""管理债"，即为了快速扩大市场和交付产品，没有时间解决架构问题、基础问题、流程问题、组织问题。这些"债务"不会消失，只会越滚越大。在收入增长时，它们还可以纳入成本范畴，但是总有一天会变成"高利贷"。

在脚步稍微放缓时，应该把这些过去来不及还的"债"都一一还清，该整理的架构、该优化的工具、该提升的效率都借这个机会处理完毕。

三、坚持创新，找到"冬天"特有的机遇

从商业上看，创新的本质在于寻求更高的毛利率。在存量市场上，一旦技术大众化，那么，就会不可避免地进入"红海"及价格竞争的漩涡，毛利率不断下降。

对于企业的发展而言，过去我们追求"量"（薄利多销），现在必须追求"质"（从有限的市场、有限的客户获得足够高的利润），这需要企业在保持生存的同时，进一步思考如何创新，找到新的增长点，获得更高的利润率。

这种创新既包括技术层面对新技术成果的吸收，又包括对于消费者需求和应用场景的挖掘。

第十一节　如何设计一个高效的数字化系统

原则一：关注真正的收益而不是技术本身

系统架构设计的目的是追求总体收益。如果不说收益，只是为了技术而技术，就没有任何意义。就收益而言，笔者认为以下几点是非常重要的。

（1）降低技术门槛，加快整个团队的开发和发布速度。系统架构需要能够进行并行的开发、上线和运维，而不让某个团队或者个人成为瓶颈。

（2）让整个系统运行得更为稳定，需要对有计划和无计划的系统停机或服务中断做相应的解决方案。

（3）通过简化、自动化降低成本。其中，最需要优化的成本是人力成本。如果不能减少人力成本，反而需要更多的人力成本，那么，这个系统架构设计一定是失败的。

衡量系统的价值，在于易用、好用、耐用；衡量系统架构的价值，在于效率、稳定性和成本。

原则二：以对外服务水平为视角，而不是以资源和技术为视角

随着各种系统的日益复杂，整个组织、架构的优化，已经不能通过调整单个人员、团队的分工，或者修改单一组成部分，就实现大幅提升了。需要采用一种自顶向下、整体规划、统一设计的方式，才能做到整体的提升。例如，在城市交通的优化方面，当城市规模达到一定程度的时候，整体性能是无法通过优化几条线路或几个街区来完成的，而是需要对城市做整体的功能规划，以达到整体性能的提升。

要做到整体性能、效率等的提升，需要所有人具备一个统一的视角和目标。在笔者看来，这个目标是从对外服务质量的视角来看的，而不是从技术和底层的视角。

把系统视为一个"黑盒子"，衡量其价值的角度，不在于其内部有多复杂、多先进，而在于对外（或者说对于用户而言），是否能提供易用、好用、耐用的服务。

原则三：选择主流和成熟的技术

尽可能使用更为成熟、更为工业化的技术，而不是自己熟悉的技术。所谓工业化的技术，可以参考大多数公司使用的技术。特别是，大公司会有更多的技术投入，也需要更大规模的生产，所以他们使用的技术通常来说是比较工业化的。

在技术选型上，千万不要被"你看某家公司也在用这个技术"的说法所误导，或是在论坛上看到一些程序员"吐槽"某项技术的观点（没有任何的数据依据，只有个人喜好）来决定选用何种技术。

原则四：完备性和扩展性比性能更重要

笔者发现，有些公司在设计架构的时候，首要考虑的是性能（即能承载多大的流量），而非系统的完备性和扩展性。

应当以最科学严谨的技术模型为主，并以不严谨的模型作为补充。这里的原则就是所谓的"先紧后松"，一开始紧了，你可以慢慢松；但是一开始松了，以后你再想紧也紧不过来了。

在性能方面，通常有多种解决方案可供选择。基于笔者多年的经验，性能问题总是有解决的办法，并且方法多种多样。相对于系统的完备性和扩展性，我们无须过于焦虑性能问题。如果为了追求所谓的性能优化，而牺牲了系统的完备性和扩展性，那将是得不偿失的。就好比在学会走路之前，急于追求跑得快一样。首先要确保能够稳步前行，然后再考虑如何提升速度。

原则五：制定并遵循标准、规范和最佳实践

只有服从标准，才能有更好的扩展性。例如，很多公司的系统，既没有服从业界标准，又没有形成自己的标准，感觉就像"乌合之众"。

一些需要注意的标准和规范（包括但不限于）：服务间调用的协议标准和规范、命名的标准和规范、日志和监控的规范、配置规范、中间件使用的规范、软件和开发库版本统一。

无规矩不成方圆。没有统一的规范，不仅会导致内部沟通和维护成本居高不下，而且会让外部合作伙伴甚至客户无所适从。

原则六：重视架构的可扩展性和可运维性

很多技术人员只考虑当下，而很少考虑系统未来的可扩展性和可运维性。架构、软件并不是写好就行，而是需要不断地修改、升级和维护。事实上，80%的软件成本是维护成本。因此，如何提高系统的可扩展性和可运维性非常重要。

可扩展性意味着软件易于添加更多的功能或加入更多的系统。可运维性就是可以对已经投入使用的系统，较为方便地进行改动。可扩展性需要采用标准化的、低耦合的架构组件（就像乐高积木一样可以方便地组合）；可运维性需要具备必要的工具、手段，以实现对整个系统的控制能力。

原则七：不要迁就老系统的"技术债"

某公司的架构和技术选型基本弄错了，使用错误的模型构建系统，导致整个系统的性能非常差，才积累几千万条数据，系统就慢到难以忍受。但他们想的不是"还债"，即解决这些问题，而是"要把楼修得更高"，即引入更多的系统。因为他们觉得现有的系统挺好，产生性能问题的原因是没有一个大数据平台，所以要建大数据平台。

"技术债"是于 1992 年由沃德·坎宁安提出的。在金融领域，人们可以通过借贷的方式获得充足的资金以加快发展，但是其代价是必须要支付利息。

在软件领域也是一样，为了尽快上线系统，人们暂时牺牲了代码质量，于是就欠下了"技术债"，导致在后续的开发中效率持续降低。很多公司都会在原来的"技术债"上进行更多的建设。然后，"技术债"如雪球般越滚越大，"利息"越来越高，最终成为难以偿还的"高利贷"。

这里有两个原则和方法是笔者非常坚持的。

（1）与其花大力气迁就"技术债"，不如直接还"技术债"，即"长痛不如短痛"。

（2）建设没有"技术债"的"新城区"，并通过"防腐层"的架构模型，不让"技术债"侵入"新城区"。

在技术领域，在发展增量（不断推出各种新功能、新模式）的同时，我们也要注意维护存量，即加强网络服务的稳定性和安全性。否则，功能越强大、服务越广泛，受到攻击之后的损失也会越大。还是那句老话，"我们应该在晴天修屋顶，而不是等到台风来了再修"。

原则八：不要依赖自己的经验，要依赖数据和学习

所有的技术手段都有其适用的场景，不是放之四海而皆准的。

因此，针对每一个问题对应的决策，都需要在调研之后才能做出决定。这跟医生看病是一样的，确诊病因不能只靠经验，还要靠诊断数据。在科学面前，所有的经验都是靠不住的。

做任何决定之前，最好花一些时间，查阅相关资料，如技术文章和论文等。同时也看看各个公司或开源软件是怎么做的。从而比较多种方案的优点和缺点，最终形成自己的决定，只有这样，才可能做出一个更好的决定。

人是不可能通过不断重复过去而进步的。人的进步是探索未知形成的。所以，千万不要只依赖自己的经验做决定。

原则九：千万小心"X-Y"问题，要追问原始需求

对于"X-Y"问题，也就是说，针对 X 问题，企业觉得用 Y 方案可以解决，于是着重于解决 Y 方案如何操作。结果分析到最后，才发现原来针对 X 问题，最好的解决方案不是 Y 方案，而是 Z 方案。这种"X-Y"问题太多了。

所以，每次用户来找我的时候，我都要不断地追问什么是 X 问题，即到底要解决什么实际问题，而不是由此衍生出来的 Y 方案。

原则十：激进胜于保守，创新与实用并不冲突

笔者对技术的态度是比较激进的，但是，所谓的激进并不是盲目尝试，也不是唯新技术不可，而是积极拥抱会改变未来的新

技术。此外，笔者也尊重较为保守的决定，这里面没有对和错。

但是，笔者认为，对技术激进的态度比起对技术保守的态度来说有太多的好处。一方面，对于用户来说，新技术通常有较高的竞争力；另一方面，很多成功的公司都在积极拥抱新技术，而策略保守的公司通常发展相对缓慢。

有一些人会跟我说，我们是实用主义，我们不需要创新，能解决当下的问题就好，所以，我们不需要新技术，把现有的技术用好就行了。这类公司在技术设计之初就在"负债"，虽然可以解决当下的问题，但是马上就会出现新的问题，然后陷入疲于解决各种问题的循环中。

这里的逻辑很简单——进步源自探索，探索是要付出代价的，但是获得的收益更大。笔者认为，不敢冒险才是最大的冒险，不敢犯错才是最大的错误，害怕失去会失去得更多。

在系统设计和路径选择上，激进和保守是两个持续变化的方向和状态，是硬币的两面。根据情况需要，有时候需要选择前者，有时候则需要选择后者，但是无论如何，都应该知道自己在做什么，以及为了这个决定付出了什么样的机会成本。

第十二节　如何写好产品介绍

一个好的产品介绍应该至少覆盖以下要点，不可或缺。其他的部分，属于锦上添花，可有可无，没有必要做得花里胡哨、云里雾里。

一、明确问题存在的原因

详细描述问题的背景，包括问题的起源、历史和影响。提供相关数据和统计，以支持问题的重要性。引用权威的研究或报道，以增加可信度。这其实是整个材料最为重要的部分，也最能体现团队的专业水平。如果连"为什么"都阐述不清楚，自然读者或者听众就会对后续内容的必要性感到困惑。

二、阐明解决方案

解释团队是如何发现问题的，包括文献研究、市场调查和用户反馈。详细描述自己的解决方案，包括技术细节、工作原理和设计思路。提供实际案例或使用案例，说明该解决方案已经成功地解决了类似问题。

三、产品的主要特性

对产品的规格和参数进行详细说明，包括任何独特的功能或创新点。用图表、示意图或演示对产品进行可视化。解释每个特性是如何与问题的解决方案相关联的。这里，要注意实事求是，避免夸大其词。

四、竞争优势

列举自身与竞争对手的关键区别，包括技术、质量、价格、客户服务等方面。提供客户的见证或推荐信，以证明自身产品或服务的价值。说明自身竞争优势是可持续的，并将持续增值。这部分最核心的目的，其实是回答客户的一个典型问题："为什么我们应该选择你，而不是选择你的竞争对手？"

五、用户的收益

深入探讨用户如何从产品或服务中受益。提供真实的用户案例或成功故事，突出他们获得的具体收益。如果有数据支持，如成本节省或效率提高，请提供相应的数字。

六、团队实力

详细介绍团队成员的背景和经验，包括他们在相关领域的成就。引用官方机构、媒体或第三方的认可或认证,以证明自身专业能力。提供团队成员的照片和简介,以建立客户对团队的信任。

七、实施计划

如果客户选择后,公司将采取哪些步骤来完成任务或项目?通常的步骤包括调研、设计、实施和优化。在每个步骤中提供更多的详细信息,包括具体的活动、时间表和责任人。解释为什么选择这些步骤和方法,以达到项目或任务的目标。考虑风险和挑战,并提供应对计划。

八、成本和时间

详细列出成本的各个方面,包括硬件、软件、劳动力和其他开支。提供透明的成本估算,以确保客户或投资者明白费用结构。对项目或业务的时间表进行更详细地拆分,强调关键里程碑。

九、联系方式

提供全面的联系方式,包括办公地址、电话号码、电子邮件、社交媒体链接等。如果有在线客户支持或聊天功能,也要提供。确保信息易于找到,以便潜在客户或合作伙伴能够轻松地与公司取得联系。

反侵权盗版声明

电子工业出版社依法对本作品享有专有出版权。任何未经权利人书面许可，复制、销售或通过信息网络传播本作品的行为；歪曲、篡改、剽窃本作品的行为，均违反《中华人民共和国著作权法》，其行为人应承担相应的民事责任和行政责任，构成犯罪的，将被依法追究刑事责任。

为了维护市场秩序，保护权利人的合法权益，我社将依法查处和打击侵权盗版的单位和个人。欢迎社会各界人士积极举报侵权盗版行为，本社将奖励举报有功人员，并保证举报人的信息不被泄露。

举报电话：（010）88254396；（010）88258888
传　　真：（010）88254397
E-mail：　dbqq@phei.com.cn
通信地址：北京市万寿路173信箱
　　　　　电子工业出版社总编办公室
邮　　编：100036